Francesco Crociani

AL DI QUA E AL DI LÀ DEGLI APPENNINI

Racconti

Titolo | Al di qua e al di là degli Appennini
Autore | Francesco Crociani
La copertina è stata curata da Silvano Bacci.
ISBN | 978-88-91148-04-9

Youcanprint *Self-Publishing*
Via Roma, 73 – 73039 Tricase (LE) – Italy
www.youcanprint.it
info@youcanprint.it
Facebook: facebook.com/youcanprint.it
Twitter: twitter.com/youcanprintit

Non sono un intellettuale
che analizza dei fenomeni.

Sono solo uno che racconta delle storie, che per lo più
sono quelle degli altri:
nessuno è obbligato a leggerle.

Come diceva il Manzoni
"ai posteri l'ardua sentenza".

Questi racconti sono la memoria di tutti noi, gli anni in cui il futuro incominciò, ma fu subito mollato. La storia finisce con nuovi cambiamenti di creatività. I nuovi saperi, aprono nuove frontiere, i nostri figli, oggi vivono peggio di noi.

AUTOBIOGRAFIA

Chissà come si fa a diventare scrittori, ripetevo tante volte dentro di me. Un ragazzo nato in aperta campagna, in una piccola frazione - San Silvestro - nel Comune di Bagno di Romagna. La cosa doveva essere molto difficile - così pensavo - mentre guardavo la gallina bianca, con la cresta rossa sull'aia che passeggiava alzando la zampa prima di posarla a terra. Io, Francesco Crociani, ricordo con nostalgia il periodo della scuola elementare. Noi vivaci ragazzini avevamo dentro le nostre cartelle - insieme ai libri - elastici e fionde realizzate con i ritagli delle camere d'aria smontate dalle ruote delle biciclette.

I più bravi costruivano fucili con stecche di legno - fabbricati artigianalmente con le proprie mani - come grilletto una molletta da bucato rubata alla mamma, il proiettile un comune elastico tagliato dalle camere d'aria della bici; come arma, insieme al solito bagaglio da guerra, prendevo le penne biro, buttate sotto i banchi di scuola dai compagni di classe, per nasconderle in mezzo ai libri, pronte ad essere usate come cerbottane. Alcune di queste penne, ancora funzionanti, le utilizzavo per scrivere la cronaca di fatti che capitavano nell'aula durante le lezioni.

Questa mattina compito in classe: apro la cartella e metto sul banco i due foglietti, uno per la brutta e l'altro per la bella copia, comprati da Gigi, a due passi dal portone della scuola, in una botteguccia di campagna dove non si entra in più di tre. La maestra tarda, non arriva, qualche volta succede, ma all'ultimo minuto tema libero e, forse per gioco, comincio a buttare giù la cronaca della mia frazione.

Una vera inchiesta quel compito: si dava la notizia che il parroco andava a letto con la domestica. I foglietti, piegati in due, li tenevo nascosti in mezzo ai quaderni per sostituirli in seguito. Qualche volta, con i miei compagni di scuola, li aggiornavo, così ero il primo nell'informare su quello che succedeva nella canonica.

Tante le genuine risate, nel rileggere tutto quello che avevo scritto. Una mattina però, qualcosa va storto: la maestra recupera alcuni di questi foglietti e subito cominciano i primi guai. Ad uno ad uno me li fece leggere tutti davanti alla classe. Parlare male del proprio parroco all'epoca significava andare all'inferno. La maestra poi mi ordinò di bruciare quegli appunti e, per completare la punizione, mi intimò di uscire dall'aula. Fuori dalla porta, iniziai a riflettere dove potevo avere sbagliato, non trovai nessuna spiegazione, capivo che era solo una vicenda paesana, fatta solo di dicerie su personaggi che erano oggetto di pettegolezzo. Cosa avevo fatto nello scrivere e riportare quello che la gente discuteva la sera prima nell'osteria, mentre giocava a carte? Non potevo essere castigato per così poco e capii che ero diventato una persona scomoda, e messa da parte.

Ho vissuto le scuole superiori come l'ingresso in un mondo più grande di me. Dei miei compagni delle medie non avevo ritrovato quasi nessuno: si erano indirizzati in altre scuole, in altri studi. Per me recarsi a scuola presso l'Istituto Professionale Ipsia di Cesena significava avere scelto una formazione culturale tipica di gente di campagna, con poca professionalità. Poi, passò il tempo - e i primi anni scolastici -, e trovai nuovi compagni che per la maggior parte si rilevarono dei bulli di città, che mi etichettavano continuamente come scolaro campagnolo, perché venivo dalla periferia. Per andare a scuola prendevo tutte le mattine la corriera: salire sull'autobus era come una festa, trovavo gli amici di fumata, ci guardavamo e sorridevamo pensando a progetti futuri.
Poi c'era il bigliettaio, il quale credeva sempre di essere fregato e, spesso, ci riuscivamo sul serio taroccando i biglietti di viaggio: lui, alcolizzato com'era, non si accorgeva quasi mai.

Stava per finire il mio quinquennio scolastico, il periodo a cui mi riferisco era la metà degli anni settanta: le rivolte sociali si facevano sempre più forti, la musica leggera nei canti di lotta, era l'esplosione dei giovani. Gli studenti - con il mito di Che Guevara, simbolo della contestazione giovanile- sentivano l'esigenza di una profonda discussione dei problemi, avvertivano la necessità di un coordinamento tra di loro e verso i professori e miravano ad un processo continuo d'informazione sugli avvenimenti. Nacque allora un progetto molto ambizioso, dove mi misi subito a lavorare. Con l'obiettivo di raccontare fatti dell'importante realtà storica del momento, ebbi l'incarico di scrivere nel giornalino di classe: la "V H" (quinta H). Gli articoli che portavano la mia firma furono subito definiti come notizie di cronaca locale, senza alcun interesse sugli aspetti storici e sociali del momento. La domanda che mi girava spesso in testa era la solita: cosa farò da grande, visto che non azzeccavo mai nulla?

Oggi, a distanza di tanti anni, attraverso questa raccolta di testimonianze racimolate tra le vallate del fiume Savio e del Marecchia, si intravede un'immagine di vita quotidiana ormai tramontata ma che può essere letta come modello ed esempio concreto che ha plasmato e caratterizzato la vita di alcune generazioni, compresa la mia.

I fiumi finiscono nel mare, ma lasciano alle loro spalle una terra e una storia fatta di afa, di sudore, di freddo e di neve: lo scorrere delle stagioni che segnano la vita degli uomini, il desiderio di sperare e la voglia di piangere. Forse di vero non c'è niente, che la vita sia tutto un sogno? Guardiamo almeno la luna.

FRANCESCO CROCIANI

BREVE INTRODUZIONE ALLA LETTURA

Leggere e scoprire Francesco Crociani, in veste di autore, è stata una cosa inaspettata. E' apparsa, come dire, l'idea di un viaggio iniziatico, però indietro nel tempo. Il lettore s'immerge in un cammino antico: un incalzante tuffo nel passato, a capofitto nei luoghi e nelle bellissime immagini del nostro Appennino - luoghi di nostra memoria ma che, spesso, non conosciamo cosi a fondo -, come a cercare e rinsaldare quel legame straordinario che ci lega alla Madre Terra.

Al di qua e al di là degli Appennini è un'opera genuina, schietta e sentita, scaturita dall'affezione dell'autore verso i suoi luoghi prediletti; un omaggio, a mio giudizio, alle tante storie e alle genti che hanno popolato questi posti. Un raccontare che denota un voler bene alla propria terra, ai visi di uomini e donne cosi familiari e autentici, proprio nella loro quotidianità e nelle loro miserie. L'autore nel suo discorrere, nel suo raccontare o riportare per voce altrui, pennella in modo "vivace e attendibile" mestieri e tradizioni - da quelle più conosciute a quelle meno -, oppure luoghi e personaggi, il tutto arricchito da particolari inediti, che ne sottolineano ancor più il valore; e, con tutto ciò, a forte testimonianza che, soltanto tramite il racconto orale, si trasmette in realtà, la nostra storia autentica e incancellabile.

Monia Mariani

PREFAZIONE

La gente è spesso distratta e non si ferma né a guardare, né a ricordare. Eppure, se vogliamo essere coscienti di una vita vissuta e non semplicemente trascorsa, tutti ci dobbiamo fermare ad osservare quello che ci accade e a fissare nella memoria quello che ci ha plasmato, ci ha identificato, fino a farci individui irripetibili, perché ognuno di noi è unico e diverso dagli altri nel corso della vita. Questo lavoro di Francesco Crociani, leggero nella forma e puntuale nei contenuti, è un invito alla memoria, uno strumento che scava nei tempi, più o meno lontani : e riandando agli antichi mestieri, dal vetturino al pastore, dall'oste al trebbiatore, dal mugnaio al sensale, dal norcino al tartufaio, dal

cantoniere al postino, passando dalla valle del Marecchia fino a quella del Savio, tutto ci stimola a

ripensare quello che siamo stati per darci coscienza di ciò che siamo oggi. La memoria soggettiva, quella individuale, altro non è che strumento indispensabile per creare e rafforzare la memoria oggettiva, quella collettiva, quella della società in cui viviamo e che contribuiamo a rendere ogni giorno migliore.

Mi ricordo di Palmiro,di Tognino, di Pino, della Metilde, di Elio, di Gosto e della Linda, di don Fiorenzo e di tutti gli altri protagonisti di queste pagine belle, genuine, fresche e scorrevoli, e mi rendo conto che io, come tutti quelli della mia generazione, siamo debitori a questi personaggi delle nostre idee, delle nostre convinzioni, dei nostri modi di essere, cioè, in conclusione, di quello che noi oggi siamo. La memoria serve a darci la consapevolezza di una verità che ancora non possediamo e di un'altra verità da inseguire e da conquistare: siamo sempre in viaggio e nel viaggio "diventiamo".

Grazie all'Autore di questa fatica e che il tutto sia tramandato a futura memoria.

Omero Petreti

CAMMINATA LUNGO IL FIUME SAVIO

La sorgente del fiume Savio

Nelle montagne dell'Appennino tosco-romagnolo - a quota 1.126 metri sul monte Castelvecchio - nasce il torrente Fosso Grosso. Nel suo tortuoso percorso bagna le zone di Montecoronaro e Verghereto dove assume il nome di Fiume Savio. Da questa sorgente inizia la sua corsa verso il mare, in un bacino unico e pieno di storia. Il primo paese che il fiume sfiora è Montecoronaro: il suo valico è di grande importanza storica, dato che mette in comunicazione la valle del Savio con quella del Tevere, contrassegnando per secoli il tragitto più facile. La comunità di Montecoronaro ha pochi abitanti; nel periodo estivo è meta di turisti, grazie a un villaggio costruito a ridosso del borgo in mezzo a un verde incontaminato. Percorrendo il sentiero, il tratto diventa un sali e scendi, i primi ostacoli sono la fitta macchia che si intreccia sull'alveo del fiume. Solo pochi chilometri e si arriva a Verghereto, più antica istituzione comunale della valle, dove il fiume prende il nome di Savio - paese che ricalca l'antico borgo e dove si narra si sia fermato il divino sommo Poeta Dante Alighieri-. Nello scendere a valle, il corso d'acqua si restringe, ci si sposta, a piedi, parallelamente su un'antica strada mulattiera - un tempo usata dai vetturini con i muli per trasportare la legna dai boschi vicini - per tornare in acqua dove il fiume si unisce al fosso di Malagamba, che raccoglie le acque fredde dell'Alpe: in questa diramazione sono ancora presenti i resti delle vasche di raccolta acque. Fino a un secolo e mezzo fa, l'acqua del Savio era potabile. Nel percorso, la conformazione del fiume è tipica con un'alternanza di piane e buche; in qualche tratto sono presenti le briglie per la protezione dei piloni in seguito alla costruzione dell'E45. Continuando, si approda a Bagno di Romagna, località termale fin dai tempi dell'antica Roma, immediatamente a ridosso del crinale Appenninico che divide la Romagna e la Toscana.

In epoca medioevale lo sviluppo della zona fu garantito dalla favorevole posizione geografica e dalla viabilità. La strada di collegamento tra Roma e Ravenna era percorsa da pellegrini che attraversavano l'Appennino dirigendosi verso la via dei romei; gli stessi trovarono un posto di ristoro a Bagno, località che prendeva il suo nome in origine da una sorgente le cui acque sgorgano naturali alla temperatura di 45°gradi. Il centro più importante è San Piero in Bagno, posto lungo il fiume Savio, ove c'è la sede municipale. "San Piero paese che il Savio ti bagna, parli il toscano ma sei in quel di Romagna", così Dante Alighieri dedicava questi versi alla località sanpierana, all'epoca in territorio toscano, ma con lo sguardo rivolto verso la Romagna. Nel centro del paese si trova piazza Salvador Allende: su di essa si affacciano edifici di bell'aspetto di ispirazione toscana, e un giorno alla settimana ospita il mercato ambulante. Nelle vicinanze, il ponte dei frati, struttura a due arcate in pietra serena, tipica della zona, fu costruito - per la necessità di guidare in modo sicuro - il fiume Savio che, quando era in piena metteva, a serio rischio la vita delle persone. A quattro chilometri da San Piero si trova Corzano, dove si vedono i resti dell'antico castello medievale appartenuto ai conti Guidi. Appena fuori dal paese si inizia la camminata in direzione Quarto. Fra i ghiaioni e la sabbia, e sopra il grande nastro d'asfalto costruito su una serie di altissimi piloni - dove corre la superstrada E45, grande conquista per i cittadini della vallata, ma non per il fiume - il tratto è leggermente impegnativo: a farci compagnia la selva vicino all'argine e, a tratti, si può ammirare in lontananza la campagna coltivata.

Nell'avanzare tra i sali e scendi, l'acqua scorre con il suo placido rumore in mezzo ai massi, per entrare in una specie di gola, appena superata la quale, compare il Ponte della Baracca, complesso composto da tre archi in cemento, con le fiancate murate con mattoncino rosso stile Montefeltro. Si prosegue con qualche difficoltà, e tra lo scorcio della boscaglia s'intravede un vecchio molino ad acqua; si raggiunge infine, il ponte dei tre archi e, una volta oltrepassato, si cammina ormai con molta tranquillità. L'acqua è limpida, e fanno compagnia in mezzo ai gorghi alcune specie ittiche: cavedani e barbi, pesce prelibato per molti pescatori. Man mano che si scende, il fiume scorre in superficie attraverso una terra ricca e assume una forma unica, l'acqua si fa sempre più profonda, si recupera un vecchio sentiero a lato, il percorso è stretto, a tratti a zig-zag, prima di raggiungere il fondo valle. Arrivati a Quarto finisce l'alta valle del Savio, in terra romagnola, ma per cinque secoli il territorio è stato totalmente legato alle vicende dello stato fiorentino, tanto da fargli guadagnare il titolo Romagna - Toscana. Da sempre passaggio obbligato per i pellegrini diretti a Roma, dopo alcune ore di cammino possiamo godere un bel panorama: il fiume si unisce ad uno dei suoi maggiori affluenti, il torrente Para, apre i suoi argini e si butta nel bacino sbarrato da una diga a gravità, e forma il lago di Quarto - nato da una frana il 12 marzo 1812 - uno dei pochi laghi artificiali di grande importanza della vallata. Seguendo il percorso della passeggiata, nel tratto che scende dalla diga fino alla centrale idroelettrica, troviamo i gorghi e, in mezzo, la cascata: qui si può nuotare in acque incontaminate, uno splendido esempio di armonia tra opere della natura e dell'uomo. Si cammina in un bel tratto senza difficoltà e dopo circa dieci chilometri ci si sposta a Sarsina.

La sponda sinistra è interamente edificata, in un punto in cui il Savio scorre in basso, incastrato tra due alte pareti lavorate da eventi atmosferici e qui ci troviamo certamente nella località più antica della valle. Patria del poeta latino Plauto, il paese è meta di pellegrini che si recano alla basilica di San Vicinio ed inoltre è sede di un importante museo archeologico nazionale. Ha dato inoltre, i natali a Gervasio, noto girovago e tartufaio negli anni '50-'60. Il torrente Fanante entra nelle acque del Savio; si marcia fino a Romagnano, un fazzoletto di terra marchigiana, appena 500 metri e di nuovo si torna in terra romagnola a Montecastello. Si continua tra ghiaia e sabbia grossolana che si alterna a vegetazione, fino a Mercato Saraceno - terra di frontiera - l'unico luogo di vallata per fiere e mercati, tra Cesena e Bagno di Romagna, citato anche da Dante Alighieri nella Divina Commedia. Mercato Saraceno sorge sul corso del fiume Savio, dominato da una grande rupe, con il borgo degradante verso il fiume. In piazza Montalti, sorge il palazzo del molino, sede dell'officina elettrica municipale, fu infatti, il primo centro della valle a poter disporre dell'energia elettrica, prodotta utilizzando la forza motrice delle acque fluviali. Sono visibili ancora i resti di un ponte di legno, che permette di attraversare il Savio per raggiungere il Montefeltro. Nelle vicinanze si erge un grande molino ancor oggi in funzione, ed alimentato con l'acqua portata da un canale sotterraneo, parallelo al corso del fiume, che inizia da un allargamento del corso del Savio. Dopo una catena interminabile di curve, il muschio e le alghe accompagnate da piante saldamente radicate, il fiume si distende in valle, le acque sono profonde, il corso d'acqua prende forma di un canale fino a Ponte Giorgi, punto di ritrovo per chi vuole fare canoa. Ci si sposta a piedi velocemente, per arrivare nella dritta del Borello, dove il fiume riceve da sinistra il torrente omonimo che nasce dal Monte Aiola e contribuisce ad aumentarne la portata dell'acqua.

Terminate le colline dell'Appennino cesenate, i sentieri da percorrere a piedi scompaiono ed i canneti coprono l'argine; si prosegue con una certa difficoltà fino a Cesena - città al centro della Romagna - tra Forlì, Ravenna, il mare Adriatico e gli Appennini, il fiume attraversa il territorio urbano per alcuni chilometri, e si prosegue a piedi nel letto ben arginato per possibili allagamenti alle case adiacenti. Nel muoversi si arriva a Ponte Vecchio, costruito tra il 1733 e il 1773. Secondo alcuni fatti di cronaca, in prossimità di questo ponte si verificherebbero strani fenomeni, come urla e lamenti. Tutto questo sarebbe peraltro motivato dall'elevato numero di suicidi di cui il ponte è stato teatro anche nei giorni nostri. Fra i due ponti storici della città - quello Vecchio e quello Nuovo - è stato tracciato il confine naturale del parco. Superata Cesena, il fiume solca la pianura romagnola: ti guardi intorno e vedi solo campi coltivati, in mezzo alla campagna il flusso d'acqua, ai lati l'argine del canale e uno stradello parallelo sterrato. Si dà inizio al tragitto che arriva in provincia di Ravenna. In direzione del mare si ha la possibilità di osservare aironi, falchi e altre specie di animali che abitano in zone umide e in boschi di pianura. Dal Savio dipende anche la ricca flora e fauna, quindi la caccia e la pesca. In questa striscia l'alveo del fiume si allarga, l'acqua viene sfruttata per fronteggiare la siccità estiva, innaffiando campi pieni di raccolti. La coltivazione della terra è sempre una priorità assoluta per la popolazione che vive in campagna. Riprendiamo il viaggio e torniamo sui nostri passi: all'altezza delle case di Castiglione di Cervia e di Ravenna, l'abbandono delle campagne da parte dei contadini è elevato, la vegetazione è nel complesso scarsa, il terreno lasciato incolto crea un'area poco favorevole alla vegetazione, e sono ancora presenti i segni delle numerose inondazioni del fiume, che ha provocato danni alle coltivazioni.

In mezzo alla pianura, nei pressi del paese Savio, il fiume forma una grande ansa, circondato dalle numerose saline, poi rallenta la sua corsa, per dare inizio ad una parte molto suggestiva dell'ultimo tratto. Da un lato, lungo l'argine, si affacciano una serie di capanni da pesca, costruiti per ospitare i pescatori nelle ore notturne, quando il pesce risale la corrente. Percorrendo il corso d'acqua, si passa la frazione di Bubboli e si entra nella foce In questa zona si può trovare sia acqua salata che dolce perché l'acqua marina si inoltra nel fiume, mentre le arginature e le opere idrauliche lo hanno costretto a stare in tratti fissi prima di sfociare nel mare. Dopo una lunga corsa di 126 chilometri, il fiume Savio si butta nel Mare Adriatico in località Lido di Savio, nei pressi di Cervia, in un'accogliente località balneare. Chiudendo gli occhi e cercando di sognare ci inoltriamo in un tempo non lontano, tra i massi e le genghe del fiume, dove le donne sbattevano i panni del bucato domestico. L'unico inquinamento allora, altro non era che la cenere del focolare usata come sapone per smacchiare le pezze nelle acque limpide e trasparenti del canale, prima di stendere il bucato al sole per l'asciugatura. Questo è il Savio, il fiume che dai picchi selvaggi e inaccessibili dell'Appennino ci accompagna fino alle placide e ricche pianure della sanguigna Romagna.

LE MIE CONTESTAZIONI
NEGLI ANNI SETTANTA

Francesco - anni '70 - sullo sfondo San Silvestro

Mi chiamo Francesco Crociani, sono nato in questa piccola frazione del comune di Bagno di Romagna. Correva il 1973, ero iscritto alla F.I.G.C. dall'età di 17 anni, poi successivamente al P.C.I., con segretario Enrico Berlinguer. Andavo a scuola a Cesena, frequentavo l' Istituto Comandini, nelle solite serenate in aula spuntavano fuori dalla mia cartella due bacchette, imitando Ringo Star - noto batterista dei Beatles - e guardando verso Loris, mio compagno di banco, gli dicevo "senti che passaggio!!". Al tam-tam faceva eco l'urlo del professore : "Crociani vai fuori!", e così finiva la mia lezione. Di pomeriggio aiutavo mio padre ad arare i campi, guidavo un paio di vacche che tiravano un perticaio, nell'aratura pensavo a Che Guevara e all'ipotesi che anche lui lo avesse mai fatto. Inizia allora il periodo delle tensioni sociali, sfociando spesso in veri e propri conflitti. Non si dimentica l'austerity: la domenica si viaggiava a piedi, essendo lontano dal paese, frequentavo l'osteria della Catera, a poche centinaia di metri da casa mia, per guardare la tv. Si ascoltavano i dischi di Francesco Guccini. Con la mia chitarra suonavo " bandiera rossa, casaciò, bella ciao", per finire con le canzoni di protesta dei vari cantautori dell'epoca. Si discuteva di politica, dalla riforma di Mao Tze Tung, ai governi democristiani, i quali avrebbero sfasciato tutto: era impossibile continuare su questa strada. Proseguiva l'emigrazione verso la Romagna, cercando la "Merica", e intanto la campagna si spopolava sempre più. Che fine avevano fatto i nostri amici e compagni di scuola? Non li vedevamo più da tanto tempo. I films di Pier Paolo Pasolini imperversavano, poi si finiva per discutere dei western di Sergio Leone. Tante ipotesi da discutere, le manifestazioni che si facevano a San Piero per difendere un posto di lavoro e poi quant'altro ci sarebbe venuto in mente: sognavamo una vera riforma politica, culturale e rivoluzionaria.

Molti di noi in quel periodo erano poco più che ragazzini, ma tutti eravamo testimoni di un'epoca irripetibile: ogni domenica affollavamo il cinema Garibaldi e per anticipare le uscite correvamo a Cesena, così facevamo i bravi nel dire di avere visto per primi quel film. Si ascoltavano le canzoni delle radio libere, che si espandevano a macchia d'olio, in questa periferia si cercava di propagandare il comunismo e le lotte del proletariato, di imitare tutto quello che facevano le grosse città. Il mio mezzo di trasporto era una vespa 50 - marca Piaggio - più o meno elaborata, e, non avendo ancora la patente, il sabato sera andavamo in giro in macchina con Guerrino, nostro idolo indiscusso. Lui possedeva un'Alfa Romeo "Giulia" rossa, ci portava a ballare tra la Romagna, le Marche e la Toscana. Il suo linguaggio era sempre il solito "iii, dove andiamo questa sera ragazzi?". Per noi questo detto era il massimo. Una volta ci capitò un fatto particolare: fece il pieno di benzina nella dritta del Borello e, rivolto al benzinaio, non avendo soldi per pagare il conto, gli disse:" hai fatto il pieno ?, hai messo il tappo?". Alla risposta affermativa, lui fuggì di corsa con l'auto, dicendoci: "oggi abbiamo speso meno". Dalla paura non parlammo più per tutta la serata. Intorno alla metà degli anni settanta cominciai a lavorare in una fabbrica di lampadari - la Vecchialuce - dove cominciai a parlare di sindacato, di difesa dell'operaio, che fino ad allora era sempre stato sfruttato. I padroni avevano pilotato la crisi per aumentare i loro profitti. La crisi era solo per i proletari, costretti sempre a stipendi da fame, mentre i borghesi continuavano la loro vita lussuosa. Il mio datore di lavoro aveva comprato alcuni cavalli, da vero borghese nel fine settimana li usava per cavalcare lungo i sentieri del monte di Paganico, e noi da proletari continuavamo a lavorare e a far progetti. Come sindacato prendemmo delle decisioni unanimi, si progettò una contrattazione interna aziendale che prevedeva un aumento di salario.

La trattativa andò per le lunghe, senza venire a capo di nulla, ma dopo numerosi incontri con il direttore della fabbrica, e una serie di scioperi, con il blocco della produzione, ci fu accordato un aumento se pur minimo. Nel frattempo, l'azienda subì una trasformazione, iniziarono i primi licenziamenti, ed anch'io fui tra i primi ad andare a casa. Auto, moto, dischi, moda, dominavano un medesimo stile di vita (lo stesso maglione, lo stesso cantante, gli stessi jeans). E il neo capitalismo, la pubblicità, il piccolo imprenditore, l'artigiano forse, non aspettavano altro. Ma la storia non si cancella, la contestazione si era propagata, nella lotta per tanti ideali, molto spesso diversi, ognuno di noi sognava mondi impossibili, forse non sapevamo esattamente cosa volevamo, anche se avevamo in mente qualcosa. "Potere Operaio" questo era uno slogan nato nelle manifestazioni. Partenza dai giardini pubblici di San Piero, di fronte al municipio attendevamo i pullman, che poi arrivavano e caricavano noi scioperanti. Molto spesso erano pieni, si doveva aspettare quello successivo, la direzione era la solita: Roma. Il canto " El Pueblo" ci accompagnava per tutto il percorso noi compagni eravamo allegri, si progettavano striscioni da mettere davanti al corteo, slogan da pronunciare, che spesso erano improvvisati, oppure la maglietta o foulard da usare per tutto il corteo della manifestazione. Arrivati a destinazione, nelle prime ore del mattino, con i pugni chiusi e la forte tensione, si cominciava a percorrere le vie della capitale, con lo striscione "governo ladro" ci muovevamo dalle piazze principali di Roma per poi confluire nell'area del Circo Massimo, dove era previsto il comizio finale di Luciano Lama. La lotta di classe era iniziata, l'adesione era alta, numerosi i gruppi di metalmeccanici, decisi a contrastare le iniziative intimidatorie che i padroni stavano effettuando in tutta Italia, contro i lavoratori in lotta per il contratto, il lavoro precario, i diritti, la dignità e il reddito. Le avanguardie proletarie, le forze giovanili del movimento operaio avevano dato a questo sciopero un forte segno di volontà di lotta antipadronale.

Verso sera di corsa al bus, per il viaggio di rientro. Esausti di tutto - avevamo cantato e urlato - si commentava la giornata appena finita, e lì sono nate le mie doti di prestigiatore, con il famoso gioco delle carte giganti, dove erano raffigurati i politici dell'epoca : e io, con la mia arte, li facevo scomparire dal mazzo, per poi ritrovarli nel cestino dell'immondizia. Per me la settimana finiva nell'osteria di Gambaccia, nella frazione di Saiaccio, a pochi chilometri dalla mia, dove la sera incontravo Jack, un mio carissimo amico al quale raccontavo la scena dello sciopero. Lui scuoteva la testa, non condivideva nulla dicendo: "questi scioperi sono fatti per non lavorare, io sono stato in Svizzera, e lì ho lavorato duro, altro che manifestazioni !! Voi giovani di oggi, siete dei ribelli, distruggete la volontà di lavorare nella valle del Savio, siete solo degli sfaticati buoni a nulla". La serata proseguiva con opinioni diverse, visto che l'ambiente era frequentato da altre persone, per di più operai e agricoltori. In questi momenti collettivi c'era sempre qualcuno che prendeva la parola sostenendo che, comunque andassero le cose, lui doveva sempre lavorare. La socializzazione continuava per tutta la serata, fino a notte fonda, con il gioco delle carte, cercando l'oste per bere. Man mano che l'osteria si svuotava, restava un senso di desolazione, come se nulla fosse cambiato. Io, nella mia protesta, dicevo che la lotta è affermazione del diritto a prendersi i privilegi che la borghesia riserva per sé.

VITA DA VETTURINO

Scarico muli

"Vita strapazzata, di chi va alla macchia per lavorare, vita tribolata, chi non la prova non può immaginare", così dice Palmiro, uno degli ultimi vetturini rimasti. La giornata di lavoro è sempre la solita: alzataccia al mattino presto, recupero dei muli e bisogna subito stabilire un dialogo con loro, un rispetto reciproco tra uomo e animale, perché il mulo capisce le intenzioni del vetturino, anche se non sembra vero. Il sole non è ancora sorto all'orizzonte, è notte e si procede alla ferratura, che viene eseguita dal vetturino in prima persona, perché il mulo si fida solo del suo conduttore e, solo in questo caso, la bestia non da segni di irrequietezza, quella che si manifesta con calci e scossoni improvvisi in presenza di estranei, mentre l'animale resta docile con colui che lo segue per tutta la giornata. Per finire la preparazione prima della partenza, si fa l'imbastata, cioè una fila di muli, uno dietro l'altro, poi si carica il basto ad ogni animale, spazzolandogli con cura la schiena, usando la striglia. La bestia va accarezzata, per farle capire che sei amico, ed è lei l'unico capitale che ti fa guadagnare il pane. Partenza per la macchia: di solito il vetturino ha cinque o sei muli con cui si inerpica per un percorso disagiato, sopra i mille metri, senza strade di accesso per mezzi meccanici, ma sentieri che solo il mulo conosce e percorre senza difficoltà. Ogni mulo ha un nome, come Mora, Stella, Ombrosa. Lo chiami con un linguaggio particolare "arisù", e lui parte senza necessità che qualcuno lo guidi, sa a memoria il percorso, la meta dove deve arrivare e cosa fare appena è sul luogo di carico. Arrivati nel bosco dove c'è il legname, si inizia la caricatura con un certo metodo: il mulo più forte viene caricato per primo, si avvicina al mucchio di legna, sapendo che lo aspetta la soma. Il carico viene eseguito con un bastone per parte, ai lati del mulo imbastato, e così tutti gli altri, tenendo presente che la bestia più vecchia e più debole viene caricata per ultima. A tutti viene riempito il basto con circa 200 chili di legna.

All'urlo "Iiiilaaahhh", la colonna imbastata parte, con il suo carico ben bilanciato, legato con il "giaccolo", e fatto un nodo a "cappiola" per non fargli perdere la legna durante tutto il tragitto. All'imposto si scioglie la soma dal basto in un modo molto semplice e solo facendo la "cappiola" si può ottenere questo risultato facilitato. I muli si mettono tutti in branco e, mano a mano che procede la scaricatura, ogni bestia da sola viene a fare questo tipo di scarico Poi con molta cura la legna viene metrata e ammassata. Finito tale lavoro i muli si rimettono in fila per il loro pranzo, fatto di biada messa nella bisaccia allacciata al collo, poi fieno di prima qualità. Anche il Vetturino ha il suo pranzo, costituito di pane cristiano, cipolle, cacio, annaffiando il tutto con del buon vino. La giornata di lavoro trascorre in questo modo fino a buio, che arriva molto presto nella macchia. Il luogo di lavoro è molto disagiato, spesso è lontano chilometri dai centri abitati, non si vede nessuno, bisogna dormire all'aperto sotto le stelle, si prepara la "rapazzola" e come tetto si mette il basto del mulo sopra al giaciglio. Prima di dormire si pensano tante cose, dal denaro che si deve guadagnare per la famiglia, al lavoro del giorno dopo, e talvolta a qualche problema di malattia che può colpire il mulo. Parlando da soli viene in mente un detto molto in uso tra i lavoratori del bosco, che si rifà addirittura a Dante e alla sua Divina Commedia " posto cui si fa notte avanti sera, gente da basto, da bastone e da galera". Questo pezzo dantesco sta a significare che la notte è molto lunga, gli amici non ci sono, nella macchia c'è molta solitudine e l'unico amico cha hai è il mulo. Finita la settimana di lavoro, al sabato ci si avvicina ai centri abitati, per fare il prezzo della legna. Finalmente la sera un pasto caldo, poi si tratta con il commerciante che deve acquistare la legna e si fa il prezzo. Purtroppo, costui vuole pagare molto poco, e alla consegna del legname cerca di dare molto meno del valore reale; nascono discussioni a non finire, poi finalmente ci si accorda sul prezzo e finalmente il risultato è stato ottenuto.

Tra molti aspetti di una vita solitaria, montanara, limitata a luoghi lontani e disagiati, viene coltivato qualche aspetto culturale, con serate piene di canti in ottava rima, i canti popolari dei vetturini che purtroppo si sono persi e smarriti. Le nottate vengono allietate con del buon vino, ma spesso degradano nel gioco della morra, fatto con le dita di una mano: nella peggiore delle ipotesi si arriva anche alle botte, per le irregolarità e le scorrettezze che comporta questo tipo di gioco. Quando arriva il momento di andare a coricarsi è quasi sempre giorno, e la notte se n'è andata in schiamazzi e urla varie. Spesso si decide di aspettare il nuovo giorno insieme ai muli, curandoli e confabulando con loro.

LA TRANSUMANZA

Un percorso di tratturi

In autunno verso la metà di Ottobre noi pastori del paese partivamo per la transumanza. Questo fenomeno di migrazione ha configurato un particolare modello di cultura pastorale. Si percorrevano a piedi, con il gregge, diverse centinaia di chilometri, lungo i tratturi, per giungere alla maremma toscana. Iniziava un lungo periodo di separazione fra i vari componenti della famiglia, anche nelle grandi ricorrenze religiose come il Natale. Il ritorno era previsto per metà primavera all'incirca per Pasqua. Nella transumanza esistono delle gerarchie, come il capo pastore - detto vergaio - che con l'aiuto dei vari garzoni diventava il responsabile del viaggio; il suo compito era quello di andare avanti a preparare il recinto con una rete di corda, serviva a noi pecorai quando arrivavamo con il gregge per metterlo al sicuro. Nella località di Viamaggio, d'inverno è tutto coperto di neve, mentre d'estate è una distesa verde, piena di teneri germogli e fiori colorati in qua e là. Ofelio, lavorava per l'azienda dei Biozzi, quando aveva diciassette anni, e anche lui è partito a piedi per la transumanza nell'azienda La Valentina, a Fonteblanda un comune in provincia di Grosseto. Dopo aver riempito i sacchi interi di castagne patate e formaggio, si è girato solo per vedere i famigliari e la gente del paese, ore è pronto per partire. Il viaggio durava circa sette giorni, e non mancavano le difficoltà: condizioni metereologiche avverse, intoppi burocratici e quant'altro; avanti il gregge, in una nuvola di polvere e di mosche, fra il suono squillante dei campani, e dietro il barroccio con le masserie, ammasso di povere cose, destinato ad arredare la nuova dimora, che non era mai la stessa per il continuo spostamento, quasi sempre una capanna dalle pareti di scopino (ginestre), ed il tetto di bandone o di lastre sovrapposte.

Le soste per la notte venivano fatte presso dei contadini, quasi sempre gli stessi, i quali dovevamo assicurare la nostra disponibilità a custodire le pecore. Il compenso veniva corrisposto secondo l'antico uso del baratto: il formaggio che veniva fatto durante la sosta primaverile, veniva lasciato al contadino e ciò dava diritto al pastore di avere la stessa ospitalità anche per la sosta autunnale, quando le pecore non avevano più latte. Il percorso giornaliero si aggirava intorno ai 20 km, ma se si considerava la spola che veniva fatta per costringere un gregge di circa 150 pecore ad occupare soltanto metà della sede stradale, si capisce come i chilometri percorsi alla fine della giornata fossero di più. Al punto di sosta si arriva piuttosto stanchi, ma la giornata non è ancora finita: c'è da chiudere le pecore nel recinto, formato da reti sostenuti su pali piantati nel terreno per mezzo di magli in fune. Poi, dopo avere consumato una veloce cena, si andava finalmente a dormire: se andava bene in qualche fienile, a chi toccava fare la guardia al gregge, dormiva all'aperto, adagiato su un sacco pieno di paglia coprendosi con l'ombrello per ripararsi dalla guazza. La mattina successiva, molto presto, c'era da accudire il bestiame, e subito partenza per la tappa seguente e così per tutti i giorni necessari per raggiungere la meta. Il percorso, in ogni caso, era sempre pianificato alla partenza, quando si dovevano iniziare le pratiche per le varie autorizzazioni che prevedevano conteggi delle pecore presso gli uffici doganali e il pagamento di diverse gabelle. Compiuto il viaggio di andata e una volta giunti in maremma - io a Fonteblanda nell'azienda dei Bozzi - noi allevatori costruivamo delle capanne per mezzo di pali, canne e scope. Nell'alloggio del vergaio - di solito circolare con copertura conica - si effettuava la lavorazione del latte, si affiancavano poi quelle degli altri pastori oltre ai vari ricoveri per gli animali.

Nel periodo del pascolo si mungevano le pecore (sempre posizionandosi dietro all'animale) l'abilità del pastore si nota in modo particolare al tempo della figliatura, quando egli deve accoppiare ogni agnellino alla propria madre. Si mungeva del buon latte, poi si faceva la ricotta ed il formaggio; poi, dopo qualche giorno, si dovevano trasportare i prodotti caseari in una delle varie "caciaie" esistenti nel paese di Fonteblanda e, quindi, non si può non parlare del cavallo e del ruolo insostituibile che esso aveva nella vita del pastore nomade. Questi prodotti venivano caricati su un carretto con dei cestoni, ogni carretto c'erano quattro cestoni. E li mettevamo formaggio, ricotta e latte, questo carretto era trainato da un cavallo, attrezzato veramente bene che quando camminavano era sempre una festa, poi al ritorno portavamo del pane e dell'olio, sale e tutto quello che poteva servire per il soggiorno in maremma, emerge che il latte e i suoi derivati, rappresentano il maggior cespite di reddito, seguito di poco dalla carne, agnelli e lana. Il pecorino ha sempre prevalso su tutte le altre tipologie di formaggi. La cucina nella nostra azienda era abbastanza fornita. Mangiavamo del pane nel latte, polenta riscaldata al mattino. A pranzo, minestra di semolino, con un po' di cipolla, a soffritta nelle padelle; la sera invece, si poteva cenare con baccalà e aringhe, per finire con formaggio e vino. I divertimenti erano pochissimi, eravamo molto stanchi ma capitava di andare a veglia in qualche casa di contadini, a volte si andava a ballare il sabato sera in qualche famiglia del luogo con il suono di una fisarmonica. Ofelio per arrotondare la giornata, faceva il tagliatore di bosco; prendeva con sé la macchia da tagliare, portava con lui gli unici attrezzi che erano l'accetta: con poche parole, cominciava a tagliare, dall'alba fino a sera. I guadagni che ricavava, li inviava alla famiglia a casa. Fare il pastore era un mestiere difficile e poco retribuito, la cosiddetta paga consisteva in qualche lira e in qualcosa da mangiare.

L'OSTERIA DI CA' DI PIETRO

Ingresso vecchia Osteria

" Sono ancora aperte come un tempo le osterie di fuori porta, la gente che ci andava a bere fuori e dentro è tutta morta", così cantava Francesco Guccini in una sua famosa canzone. Nella vallata della Valtiberina una volta c'è n'erano tante, poi con il passare del tempo se ne'è ridotto drasticamente il numero: oggi si contano sulle dita di una mano. L'osteria era identificata come luogo di sosta e cambio di cavalli lungo tutte le strade: quella di Cà di Pietro è una di queste, anche se da qualche anno ha chiuso la sua attività. Il locale è piccolo ed accogliente, ospitata nelle cantine di una casa rurale era centro di socializzazione per molte persone che vi abitavano e per chi percorreva la strada Marecchiese. La posizione particolarmente fortunata, lungo l'asse Rimini-Sansepolcro con la comunicazione verso Roma, incideva favorevolmente sulle fortune del settore. Cà di Pietro è una pittoresca ed accogliente frazione dell'alta Valtiberina, quel lembo verde della Toscana ai confini con le Marche e la Romagna (in Provincia di Arezzo) forte di un passato ricco di storia e cultura, che ancora si avverte percorrendo le strade che vanno alla Cicognaia. E'nella strada Marecchiese che sorge l'osteria, fondata dall'antica famiglia di Gosto, ultimo oste della vecchia generazione che ha le sue radici fin dall'ottocento. Con la presenza dell'acqua fresca, poco distante dalla locanda, era tappa obbligata per chi quel tempo viaggiava fin dalle prime luci dell'alba in cerca di una zuppa, prima di andare a lavorare. Tavoli di legno, sedie impagliate, la cucina era affidata alle sapienti mani dei componenti del nucleo familiare, altri si occupavano dell'accoglienza nell'osteria. L'ambiente è quello tipico di un'osteria italiana, si curavano in maniera assoluta, i prodotti da offrire agli ospiti.

La locanda in passato aveva a disposizione dei facchini, che offrivano il proprio servizio, per rendere più piacevole l'accoglienza del forestiero. Molti arrivavano con i propri barocci, oppure a cavallo da paesi vicini, per fare i loro affari, specialmente nei giorni di mercato o di fiere, rientrando alla fine a casa propria, ma c'era anche qualche viaggiatore che veniva da più lontano, chiedendo cena, alloggio e stallo. E poi la mattina dopo si ripeteva la scena di quel quadretto comune a tutte le osterie -"Oste facciamo il conto!"- Nel prezzo veniva conteggiato tutto, ma quando si parlava del fieno per il proprio mulo nasceva qualche discussione: " Oh mio Dio, questo mulo mi manda in rovina..!". Dal racconto orale di Linda, la sorella di Gosto: " ai tempi dell'occupazione tedesca, una notte sentimmo dei rumori provenire dal basso, i soldati avevano sfondato la porta, cercavano i partigiani; io ero poco più di una bambina, ed ero a letto con mia madre, impaurita mi misi a piangere, avevamo alcuni uomini nascosti in soffitta. Dopo avere guardato in ogni angolo, con una torcia fumosa, solo la fortuna ci salvò, non trovarono nulla. Questo non impedì di improvvisare un posto di comando per alcuni giorni. Quando i Tedeschi sparirono, qualche ora dopo, ci fu comunicato che avevano fucilato otto ragazzini, sotto il ponte del Marecchia, il più grande aveva circa vent'anni. Da quel tragico evento prese il nome di "Ponte otto martiri". Occhi scuri, arrossato dal vino, sempre sorridente e allegro, amico di tutti - grandi e piccini - e voglia di raccontare, così è Gosto - fratello di Linda - lui ricorda: "dopo la guerra sì che la vita l'era dura, e l'ho viste nere, la fame l'era brutta, non avevamo nemmeno il sale per cucinare, io l'ho spuntata! In quel periodo, un gruppo di lavoratori della Valdarno Electric, costruivano i tralicci dell'alta tensione, il nostro locale era frequentato per di più da loro, i quali pernottavano tutto il mese, prima di cambiare i turni.

La miseria ci portava via, avevamo pochissimo per sfamare tutto il gruppo, nei periodi di riposo, andavano a cercare le lumache, nei dintorni della vallata, poi noi, nei ritrovi notturni, cominciavamo a pulirle, preparale, e per finire le mettevamo a cuocere dentro un paiolo, che pendeva attaccato a una catena del camino sempre acceso. Nei giorni di festa o in quelli invernali, solitamente l'ambiente si affollava, l'abitudine di passare il tempo libero è una consuetudine antica. Lo scopo principale era il bere, poi diventava un pretesto per vedere la ragazza dei propri sogni, fare una partita a carte, scambiare quattro chiacchiere con gli amici, si raccontavano un sacco di bugie, per finire nel quartino di vino, un bicchiere di vino, un litro di vino, un boccale di birra, un panino. L'osteria era sede di accanite discussioni socio-politiche per il mal governo, spesso si finiva per parlare male delle femmine, la gelosia, il raccolto, gli affari, il canto, la poesia, era linguaggio comune a tutti gli ospiti dell'osteria. Le sbornie, quelle apocalittiche, erano lubrificante sociale e finivano nel gioco della morra sfociante, a sua volta, in grossi litigi, per colpa delle immancabili scorrettezze. Una sera, un lavoratore agricolo, fa una prolungata sosta nell'osteria, dove beve abbondantemente. Rientra tardi e trova i famigliari irritati per la sua sbronza, più degli altri se ne duole la figlia, che si trova in condizioni particolari. Ella incomincia a sentirsi male e darà alla luce un bambino nato morto. Il triste evento impressiona vivamente il padre: egli ha condizionato la figliola, che sentiva di non potere amare l'uomo che pure l'aveva resa madre. Dopo questo violento diverbio la famiglia si sgretola, i due rompono ogni relazione, l'uomo si trova sempre più isolato anche dagli amici, trova conforto solo nel vino, nel frattempo si ammala e muore senza rivedere più sua figlia." Molte erano le manifestazioni che animavano il territorio durante tutto il periodo dell'anno.

Il canto e la fisarmonica erano il divertimento principale, oltre che di sentimenti umani: attraverso la voce si trovava la forza di emergere, manifestando quanto la morale corretta impediva normalmente di esprimere. Il modo di cantare è sempre stato all'avanguardia, usato per rivendicare un diritto mai riconosciuto. Per i viaggiatori la locanda era tappa obbligata per trovare svago negli spettacoli offerti dai musicisti, cantanti e giocolieri, la clientela era decisamente diversa nella sala accanto si riunivano artisti, letterati e professionisti di ogni tipo, che discutevano di letteratura, di politica e di affari. La domenica pomeriggio, nelle osterie, davanti a un bicchiere di vino rosso, la gente gioca a carte, poi verso sera comincia a cantare vari stornelli, normalmente costruiti o inventati, parte dei canti sono semplici, si sono imparati seduti a un tavolo o appoggiati a un bancone, dove tutti, insieme alla propria voce, non possono fare a meno di portare un pò del proprio cuore e qualche storia personale. Le liste cibarie non offrivano un grande varietà, la cucina non differiva molto da quella d'oggi, all'infuori di un largo consumo di spezie - garofano, cannella, noce moscata e pepe - le pietanze sempre all'olio e molto grasse. Tra i cibi appetitosi, l'osteria offriva una vasta scelta di salumi, salsicce, accompagnate da un tozzo di pane. Nel periodo natalizio si giocava a panforte, sopra un tavolino; da qualche metro veniva lanciato un panpepato, la vittoria era assegnata a chi faceva più centro. Nella campagna toscana si usciva all'osteria, un po' per ingannare la noia dolorosa del momento, oppure per sfuggire la solitudine intristita dall'uggia della stagione invernale, e non meno per abitudine. Specialmente nei dopo cena, i contadini al canto del foco raccontavano sensazioni, episodi, presenze di una vita privata nelle case, dove esisteva un mondo caratterizzato da durezze e povertà, ma anche momenti di forte socializzazione che sfociavano nel fumo animato delle osterie.

RANIERO IN OTTAVA RIMA

Raniero un testimone dell'epoca

"Ero ancora bambino quando sentivo cantare in ottava rima, in questa frazione. Non avevo compreso bene cosa facessero quelle due persone che si sfidavano, ma capivo che si trattava di qualcosa di speciale. E' un ricordo che ho caro e che ho conservato. Specialmente nel dopoguerra, il rito dell'ottava rima nelle nostre campagne si ripeteva sempre, i cantori indossavano abiti comuni senza nessun costume o strumento musicale, solo l'improvvisazione era la nostra vera maestria: si inventava tutto sul momento. Il ritrovarsi nelle osterie della vallata, allora ce ne erano tante, è stato in genere momento di incontro per noi rimatori, che con il pensiero abbiamo rappresentato sentimenti, rivendicazioni, ma anche la saggezza, la semplicità e la spontaneità popolare. Nel contrasto in ottava rima, assumevamo ciascuno un ruolo e ci si opponeva all'altro in una serie di botta e risposta." Tutto questo ricorda Raniero, uno degli ultimi cantori in ottava rima dell'Alta Valtiberina, precisamente di Stiavola, bella località vicino a Badia Tedalda. Nella ritualità dell'ottava rima, il canto esprime la parte più viva, perché tramandato da diverse generazioni della memoria contadina, e questa forma d'arte si è affermata nel mondo rurale, rappresentando una forma di riscatto, di denuncia e di opposizione politica, con momenti di forte socialità. Nelle feste il cantore è colui che possiede l'improvvisazione in ottava rima, con voce limpida, sicura, dolcissima, piena di folclore ed è quindi il personaggio indiscusso; resta soltanto di ascoltarlo cantare e analizzare quello che ha voluto dire nella ritmica, con intonazioni di gioia o di dolore. Nella ricerca della modernità le tradizioni stanno cambiando, ma non vengono abbandonate, in quanto gli elementi del passato si possono integrare ai nuovi stili di vita, l'incontro con mondi alternativi consente di rimodellarle, trasformarle, ma mai saranno più come prima.

Molti di questi canti sono stati trascritti, perdendo un po' della loro immediatezza, ma tramandandosi nel tempo, si possono leggere nel libro di Remo Rosati "Sul sentiero del vecchio casolare", pubblicato pochi anni orsono: tutti canti in ottava rima, facenti riferimento alle frazioni, e a Stiavola in particolare, Remo riserva un canto da vero protagonista *"Se il fiato non mi manca nella gola e non subisce vuoti la mia mente, pure a Stiavola passo la parola dove il degrado è meno consistente ..."*. Come si sente, è la voce delle persone che cantano emozioni, storie, sogni, come un filo che si tramanda di generazione in generazione e non si ferma mai, ma viaggia con l'uomo. Queste storie non sono solo scritte o inventate, ma vissute. Chi le ha cantate non ha fatto altro che dire e raccontare le proprie emozioni, avrebbe potuto dipingere un quadro, scrivere un libro, una lettera, raccontare un storia. Invece ha chiuso un attimo gli occhi e ha cantato: sono frasi vere, parlano d'amore, di lavoro, di gioco, di morte o di tristezza. Tra la gente di montagna succedono cose inimmaginabili, ma le persone che non sanno trovare le parole si mettono a cantare. Noi questa esperienza l'abbiamo vissuta, speriamo che voi riusciate ad immaginarla. Un piccolo mondo, quello dei canti in ottava rima, dove gli autori non hanno né un nome né un cognome e non rientrano nelle opere famose, ma sono il canto del popolo e della gente semplice. Certo il canto e la musica hanno sempre rappresentato per la gente uno strumento maggiore per dare una carica emotiva ad un rito o ad un'occasione. Il popolo rappresenta i propri canti o apprende quelli dei propri padri, come memoria e come trasmissione della propria identità. "In passato, ad animare le feste - ricorda Raniero di Stiavola - eravamo noi cantori, che ci cimentavamo in strofe, improvvisandone di belle e toccanti, satiriche o pietose, ma il tema dell'amore era sempre principale. I testi non sono mai stati definiti, in quanto erano parte viva e integrale della vita quotidiana.

Oggi possiamo solo raccogliere quello che resta, noi portatori di tradizioni. In questi incontri di rima e canto, i poeti in ottava rima si misurano davanti ad un numeroso pubblico, lanciando sfide, cantando i loro versi improvvisati. Per rendere più divertenti le competizioni, sono trattati temi a contrasto, una sorta di dibattito in rima, vera e propria gara di abilità fra due poeti, che può continuare per ore ed ore. Suocera, nuora, padrone, contadino, pastore, impiegato, prete, contadino, cittadino, campagnolo, la donna mora e la donna bionda, oggi la zappa e il computer. Nelle cosiddette "ottave a contrasto", la bravura del rimatore consiste nel riuscire a chiudere l'ottava, dando al rivale un aggancio impossibile, per concludere così definitivamente in maniera ironica ed esaustiva. La difficoltà sta proprio nell'improvvisazione, che obbliga i concorrenti a comporre otto versi nel giro di pochi secondi, seguendo il tema assegnato con le strette regole della costruzione metrica dell'ottava incatenata. Questi poeti estemporanei, debbono possedere sorprendenti abilità, poiché costruiscono le strofe con grande rapidità, facendo ricorso solo alla loro creatività e alla loro fantasia. Un ruolo importantissimo in queste tenzoni poetiche è assunto dalla rima, poiché vige l'obbligo di iniziare ogni ottava con la rima del verso conclusivo dell'ottava precedente, ciò comporta un'estrema difficoltà perché c'è un tempo assai ristretto a disposizione per poter inventare l'ottava di risposta e, inoltre, bisogna cercare di passare come testimone all'avversario una rima più difficile, per metterlo in difficoltà. L'alternarsi delle parti consente ai cantori di rispondersi l'un l'altro, fino alla battuta finale. Oggi purtroppo, non assistiamo più a queste sfide, si sono perse le tracce nel passato, che poi non è così lontano. Questa poesia, che viene data per scomparsa, credo che sia ancora lontana dall'essere esaurita, ci sono incontri di poeti che improvvisano ancora oggi, riscuotendo numerosi successi.

Si tratta di una esauriente scelta di canti poetici improvvisati, che appartengono quasi tutti alla tradizione popolare, anche se si parla solo di recupero di quelle tradizioni per salvaguardare la lingua popolare dall'oblio e dall'estinzione, specialmente in un periodo come questo.

Il canto è una disciplina alla quale ci siamo diseducati, non resta che sperare, perché sarebbe triste perdere il piacere di cantare insieme. Le nostre tenzoni notturne, quelle che facevano imbestialire i vicini di casa, erano mercanzia corrente; urlavamo a squarcia gola, qualche vicino non riusciva a prendere sonno, ma noi continuavamo a cantare fino all'alba, facendo finta di niente."

Ai Stiavolesi di (Raniero Tizzi)

Voglio dedicare un'ottava rima a tutti gli Stiavolesi, che vivono qui, oppure sono emigrati in altre terre per motivi di lavoro e di famiglia.

" O Stiavolesi fatela finita
non ci fate più consumare
penna e inchiostro
se per davvero ci fate prendere sete
non vi si manderà più il nostro prete
senza parroco allor come farete
i demoni verranno a schiera a schiera
in nessun modo vuoi vi salverete
verranno a letto in forma di chimera
al grande fiume vi troverete
detto acheronte di bassa riviera
e lì caronte vi porterà a spasso
frà cerbero plutone e satanasso."

LA TREBBIATURA DEL GRANO

La trebbia nell'aia

Dopo la mietitura, il grano viene riposto nell'aia in un gran barcone, in attesa delle trebbiatura. La trebbiatura diventa uno dei momenti più importanti dell'anno, vede impegnate tante famiglie contadine per lunghe giornate di lavoro, a cui partecipano uomini e donne. Antonio Dindelli (classe 1909) - detto *Tognino della cantoniera* - ha cominciato a trebbiare il grano all'età di 15 anni, intraprendendo l'attività come fochista, specializzandosi poi nella battitura, prima sotto padrone e, in seguito, insieme al padre Bartolino. Normalmente le macchine erano possedute dai proprietari dei terreni; Tognino ne comprò una usata, insieme ad un socio di nome Batista, e avviò in proprio l'attività. Sotto un sole scottante dall'alba al tramonto, il periodo della battitura ha inizio i primi giorni di luglio per terminare ad agosto. La trebbiatrice comincia il giro, spostandosi di podere in podere, percorrendo tutta la zona secondo un itinerario concordato. Quando arriva la trebbia, le aie si riempiono di vita, per alcune settimane si sentono i rumori assordanti delle macchine, il motore del trattore che per mezzo della cinghia mette in moto tutti i meccanismi per la separazione dei chicchi di grano dalla paglia e dal resto della spiga. L'area che comprende la Valmarecchia e la Valtiberina conta molti poderi, tutti i contadini aspettano la trebbia per battere il grano. Sono i giorni della gran calura che avvampa la vallata, Tognino ha segnato nel calendario l'inizio della trebbiatura nel podere di Rio Petroso. La trebbia e la scala trascinate da un trattore, sistemate nell'aia, perfettamente livellate, con l'aiuto della binda, dietro il trattore che aziona la macchina mediante il cignone. Si ribaltano le sponde laterali della trebbiatrice, poste sulla parte superiore, rinchiuse verso l'alto durante le fasi di trasferimento, così si allarga il piano di lavoro. Appena la trebbia gira, Morenino il trattorista appoggia una sirena alla puleggia del trattore che emette un segnale acustico molto forte, significando che si può iniziare a battere.

Una ventina di persone, fra cui alcune donne addette a tagliare i balzi, alle sei del mattino danno il via alle operazioni, alcuni uomini con la forca di legno depongono i covoni sul piano di lavoro, dove vi è una tramoggia dentro la quale gira ad elevata velocità il battitore. Davanti alla tramoggia vi è una buca nella quale prende posto l'addetto all'imboccatura, chiamato in dialetto "Paiarén", che sporge dal piano di lavoro dalla cintura in su: il suo lavoro consiste nel buttare nella tramoggia i covoni tagliati. Da apposite bocchette poste nella parte posteriore della trebbiatrice escono i chicchi di grano che vengono raccolti in un contenitore chiamato mastello: quando questo è pieno si chiude la bocchetta d'uscita del grano e due uomini lo vuotano dentro la balla, pesata sopra la bascola. I sacchi del grano vengono poi caricati su un carro e condotti a destinazione: tale compito viene fatto da uomini forzuti e prima di arrivare nel granaio c'è sempre un tratto di strada dove occorre portare la balla sulle spalle. Spesse volte accade che nell'aia arriva il frate da cerca, che riceve il suo staio di grano in cambio di qualche santino. Per il trasferimento della macchina si richiede una certa abilità, a volte è necessario percorrere delle strade di campagna, con curve molto strette, e occorre intervenire con delle leve provocando dei piccoli spostamenti fino a quando l'ostacolo non è superato. Nei mesi estivi le scuole sono chiuse, ragazzi e piccini si mobilitano nelle faccende più leggere, danno da bere a chi è sotto il polverone da molte ore, prendono alcune brocche, attingono l'acqua dalla fonte, si recano in cantina, afferrano alcuni fiaschi di vino, cominciano a fare il giro per l'aia provvedono a dissetare tutta la squadra. La trebbia raggiunge i poderi dei Pierozzi, Pian Castellano e Villa Carigi, per continuare fino a Rofelle, dopo aver fatto la campagna dalla parte opposta del fiume Marecchia, nella vallata della Cicognaia, lavorando intere giornate, senza mai smettere.

Al mattino si fa una breve pausa per la colazione, si ricomincia con un via e vai di gente, la polvere si innalza avvolgendo l'aia come una nuvola, man mano che passano le ore il caldo si fa più soffocante, fra un bicchiere di vino e qualche sfottò il lavoro precede a pieno ritmo. Pasquale - el paiarèn - ha il vizio di bere, nelle aie della Bigotta fino a quelle delle Balze lo conoscono bene, la squadra che va dietro alla macchina fa a gara a portagli del vino, i fumi dell'alcool cominciano a fargli effetto, Pasquale si abbacchia sotto le risa di tutti, creando un certo folclore. Dalla parte frontale della trebbia esce la paglia, dopo essere passata nel battitore, che, raccolta nella scala, viene spinta sul pagliaio, attorno a un palo di sostegno dove "i pagliaioli" con la forca la spianano. Dalla parte bassa anteriore della trebbiatrice esce la pula, che è raccolta con un rastrello da alcune donne; in quel punto viene fuori molta polvere e le donne sono costrette a mettere un grosso fazzoletto, di solito colorato, per coprirsi bocca, naso e capelli, mentre le galline, insieme ad altri animali da cortile, rimestano la pula in cerca di chicchi di grano. Arrivata la sera, si cena tardi, la grande fatica è finita, i battitori mangiano nel podere dove hanno trebbiato; finalmente è il momento di sedersi a tavola, per concludere nel migliore dei modi la giornata. Dopo cena tutti sull'aia a pigliare un po' di fresco. Alcuni di loro, a causa della lontananza da casa, si recano in uno dei tanti fienili dove, su un giaciglio di paglia, trascorrono la notte, udendo il canto dei grilli coprire il silenzio notturno, per svegliarsi al mattino prima del sole ad ascoltare il frinire delle cicale che prende il sopravento su tutte le altre voci. Quei giorni lavorativi si trasformano in occasione d'incontro, luoghi e spazi socializzanti, i contadini di poderi vicini si riuniscono, ogni famiglia presta braccia, forza e lavoro, per ricevere in cambio ospitalità e manodopera. La mattina successiva sarà la volta di un'altra aia.

Con l'immancabile nube di polvere, che si attacca al sudore della fronte, il momento assume un carattere di festa paesana, si mobilita tutta la cucina, in questo giorno saltano le più belle teste del pollaio, prima fra tutte quella del gallo che viene allevato per l'occasione. Si procede a fare la spesa il giorno prima, poche sono le famiglie che hanno tavole, piatti e bicchieri sufficienti per il numero dei presenti: se manca qualcosa, il problema è risolto con degli scambi tra vicini. E' fierezza della padrona di casa offrire il miglior pranzo, gli addetti alla macchina della trebbiatura possono giudicare le qualità della cuoca, con il detto " fin che si trebbia si mangia". A tavola si parla del raccolto ottenuto e della resa che ha dato la terra. Si raccontano fatti accaduti nelle stagioni precedenti e così, tra un fatto e l'altro, tra un boccone e un bicchiere di vino, in giro si vedono delle grandi sbornie, l'umore sale verso toni di genuina allegria. I contadini sono mezzadri, abitano nella casa colonica che appartiene al padrone, i conti vengono fatti dal fattore che segue delle regole scritte nel trattato della mezzadria, dividendo a metà i prodotti della terra. Tognino, alla fine della stagione comincia a fare le somme per mettere in cassa il lavoro della trebbiatura, nel giro dei poderi si discute la quantità di grano da consegnare. Succede qualche volta di non mettersi d'accordo per il pagamento. In un podere vicino a Molino di Bascio, nascono discussioni a non finire, non vogliono scambiare il grano con il lavoro della trebbiatura, così rimangono debitori per interi anni. A metà anni settanta in questa vallata fa la sua comparsa la mietibatti, e spariscono tutte quelle usanze e quelle tradizioni che scandivano i ritmi di tradizioni legate a un vecchio mondo contadino. Tognino, esce di scena, in silenzio, lasciando il posto a un mondo che forse neppure lui è riuscito a capire.

IL MULINO ED IL MUGNAIO

Il vecchio mulino

Noi qui abbiamo fatto sempre i mugnai (così dice Francesco Grifoni), il mio babbo faceva il mugnaio così i miei nonni e bisnonni: dopo la scuola ho fatto sempre questo mestiere, i contadini venivano nel mio mulino a portare i cereali e portavano via la farina. Questa figura dall'arte bianca amava molto il suo mestiere perché era un uomo libero di lavorare come e quanto voleva, senza dover rendere ragione del proprio operato a nessun altro, fuorché a sé stesso e alla sua famiglia. Il lavoro consisteva nel ricevere dei sacchi portati dai contadini e che venivano pesati sulla bascula (una pesa particolare adatta a questo lavoro). Questo mestiere aveva i suoi segreti quelli di macinatura dei cereali. Una posizione ottimale garantiva un notevole guadagno, ed era anche molto importante l'onestà e la bravura del mugnaio. I clienti scontavano il prezzo che dovevano pagare al mugnaio per circa il 10 per cento del macinato lasciando la molenda (una parte della farina). Il lavoro del mugnaio nell'arco dell'anno cambiava: d'inverno lavorava molto, ma d'estate spesso era costretto ad interrompere il suo lavoro, per mesi, per mancanza d'acqua. Il mezzo di trasporto erano gli asini: il cavallo oppure i buoi con al traino un barroccio. Prima della guerra, e dopo, avevo molto lavoro, la mia macina era sempre in funzione, c'erano diverse famiglie, ci voleva un mulino che lavorasse sempre, poi i contadini avevano le bestie, per loro serviva la biada. Avevamo molto da fare, la farina non doveva mai mancare, la gente frequentava, sempre molto numerosa, questo posto. Diversi erano i mulini, uno qui vicino, un altro al Ranco: si macinava tutti a pieni giri di macina. Noi avevamo le terre e si lavorava sempre senza andare mai da nessuno. In questo luogo si lavorava anche la notte; quando le condizioni lo richiedevano si arrivava a macinare circa setto o otto quintali di grano al giorno, per poi aumentare la quota quando si trattava di granturco.

La farina veniva messa nei cassoni, veniva assodata come il cemento se era macinata bene. La clientela non mancava, venivano da tutte le parti, allora c'era tanto grano, e serviva la farina per il pane d'inverno. Eh s'è fatto una vita di nulla, anche i vecchi hanno fatto questa vita e poi non hanno saputo fare; per quanto si lavorava si poteva essere più ricchi: si lavorava di continuo, da qualsiasi luogo, la gente arrivava. Io ero sempre quello che macinavo e andavo a fare delle consegne nella abitazioni qui vicino, usavo i miei asini, caricavo i sacchi della soma di farina sul dorso, oppure si usava il barroccio per le abitazioni meno disagiate. Quando mi assentavo per le consegne, la moglie prendeva il posto nel lavoro e nella trattativa con la clientela. Il mulino aveva anche una funzione sociale, perché in attesa della macinazione, le persone si scambiavano opinioni, facevano chiacchiere sulla famiglia e il bestiame da accudire. La manutenzione del canale di derivazione, dove affluivano le acque, l'efficienza delle paratoie, la pulizia del "botaccio", fatta almeno una volta all'anno - occorrevano circa 20 persone che tutti in fila provvedevano alla sistemazione -, e il perfetto funzionamento delle ruote in pietra (macine) sono alcuni degli impegnativi compiti che doveva svolgere. Finito questo compito si mangiava un piatto di pasta dell'Annina. Tutte queste strutture e di varie opere murarie erano costruiti interamente dal mugnaio. Questo lavoro veniva affiancato da un fabbro solamente per quanto concede l'albero di trasmissione che dalla macina arrivava alle pale. Il Mulino ad acqua è costruito da una ruota con pale fissate a un albero in orizzontale, il sistema è più complesso sfruttava un rifornimento dall'alto il peso e la pressione dell'acqua in caduta, la sua potenza può essere accresciuta aumentando il flusso dell'acqua, poi una grossa piattaforma orizzontale fissa su cui veloce girava una grossa ruota anch'essa di pietra.

Dalla tramoggia, poi scendeva il grano che veniva triturato e macinato a secondo la richiesta del cliente, per questo operazione di primaria importanza ci si serviva del regolatore che affluiva sulla ruota dalla cui posizione dipendeva la qualità della farina.

La quantità veniva impostata dal mugnaio secondo i suoi precisi calcoli, azionando una leva, che era fissata sotto la tramoggia. Una lunga asticina vibrava per il movimento della macina. Un campanello acustico, suonava avvisando il mugnaio di effettuare una successiva riempitura della tramoggia. Per coprire completamente la piattaforma e ruota c'era un cassone di legno e, sopra tutto, la tramoggia, sempre in legno, nella cui bocca si versava il grano che andava nella macina. La farina andava nel cassone calda a seguito della ruota della piattaforma. Imbiancato dalla farina dalla testa ai piedi, in grado di caricarsi un quintale di grano sulle spalle abilissimo nel suo mestiere furbo come non pochi, il mugnaio spaziava a largo raggio, egli doveva anche comprendere compiti al di fuori della vera e propria attività macinatoria. Doveva stimare il livello di essiccazione del cereali, quantificarne la loro resa in termine di farina. L'agricoltore veniva qui al mulino, con mezzi di trasporto che c'erano all'ora, un carretto trainato da buoi, oppure da un asino con la soma sul dorso, in questo modo portavano qui i sacchi, di grano, che erano di tela bianca, di canapa fatta in casa, con il telaio. Un sacco pesava circa 120/130 kg di cereali, essi venivano usati dal contadino per portare a casa la farina. Nella Famiglia tutti ricordano una leggenda, si dice che Beppone, un antenato, al ritorno dal mercato a Sansepolcro si caricò sulle spalle l'asino e i tacchini che aveva appena acquistato; poi la sera, per fare la bravata, andò nell'osteria dei Palazzi, raccontando il fatto, ma l'oste versò da bere il rhum - al posto del vino - facendolo stramazzare a terra sotto gli occhi increduli di tutti.

Il SENSALE O MEDIATORE DI BESTIAME

Vacche in fiera

Nella mezzadria il bestiame era a metà con la proprietà e, per garantire legalità del contratto, serviva una persona di fiducia per la famiglia contadina. Nelle campagne, i mercati e le fiere costituivano un momento di grande interesse, d'incontro e di scambio. La figura simbolo della fiera era il sensale, mediatore degli scambi che, con il taglio delle mani sanciva l'acquisto o la vendita del bestiame. Le due parti si parlavano sotto voce all'orecchio, come per confidare un segreto, così era fissato il prezzo e tutto veniva regolato sulla parola. Molti sensali non erano iscritti al ruolo: per questa categoria il lavoro era costituito da un fitto intreccio di rapporti e conoscenze personali, da una continua frequentazione di fiere e mercati, da una riconosciuta onestà da parte della comunità d'appartenenza. Nella sostanza, un mondo fatto di parole personali e di utilizzo di precise forme verbali. Non vi era nessun obbligo di scrittura, anche perché il saper leggere e scrivere non era diffuso nel mondo contadino. La vendita di bestiame - racconta Pino - era un fatto importantissimo per le famiglie dei mezzadri perché costituiva un'occasione formidabile per entrare in possesso di soldi liquidi, utili a far fronte alle spese più grosse. All'epoca, dopo il fronte - prosegue Pino - lo stato economico non era florido, tutti vivevano del lavoro delle loro braccia - i prodotti del terreno erano scarsi - non c'era famiglia che non avesse il proprio bestiame. Nelle campagne la miseria, gli stenti e le rinunce degli abitanti erano all'ordine del giorno, ma la popolazione era buona e semplice. Nei piccoli paesi si faceva almeno una volta all'anno la fiera del bestiame. La mattina, prima che sorgesse il sole, passavano sulla strada bianca file di carri trainati da buoi, con sopra il bestiame che si sarebbe poi contrattato durate la giornata, i coloni dei poderi circostanti alla vallata erano tutti in fiera, e la fiera era un momento dove la gente si ritrovava insieme, si giocava la morra, gioco antico e semplice che consisteva nell'individuare la somma dei numeri mostrati dai giocatori e si svolgeva con la massima velocità ed un clamoroso effetto acustico.

Chi aveva riflessi rapidissimi e grande destrezza, poteva barare modificando il proprio numero delle dita. La contrattazione degli animali avveniva attraverso il sensale. Racconta Pino:" con un contadino facemmo in modo di mercanteggiare 30 maiali destinati a un commerciante di Anghiari, non avendo nessun mezzo di trasporto decidemmo di portare la merce a piedi. Partiti per la nuova destinazione, arrivati in Aboca, a sera tardi, si fece sosta per la notte. Al mattino seguente, invece di partire per la consegna, c'era una fiera, i maiali furono esposti, un compratore ne acquistò dieci. Decurtati di animali si cercò in loco, un mezzadro ne possedeva diversi, procedemmo all'acquisto e li pagammo molto meno di quelli della prima compra, così il guadagno fu maggiore di quello pattuito. La Maremma per i sensali era terra di allevatori, le stalle erano piene di vacche, vitelli e mucche. Era una calda giornata d'agosto, le donne, come di consueto, si recavano nel fosso per fare il bucato a mano, entrati in una stalla maremmana, tutti erano stimatori, compreso il garzone della fattoria, fra i più simpatici c'era Olivio, con le sue battute spiritose e tutto il vino che beveva, era il tipico toscanaccio che, quando prendeva la parola, tutti lo ascoltavano perché ci sapeva fare ad incantare la gente e, anche se le ingrandiva, la gente ci credeva; Olivio raccontava le cose che gli capitavano frequentando fiere e mercati di bestiame." Pino riscuoteva popolarità in questo mestiere, perché assumeva l'aspetto di una persona seria, non bestemmiava, poi con quell'accento che faceva tanto effetto, suscitava nei presenti la convinzione di essere una persona molto competente. Pino, da buon mestierante, aveva posato l'occhio su alcune bestie che facevano al caso suo e decise di acquistarle. La trattativa andava per le lunghe perché le vacche erano in comproprietà fra padrone e contadino, il primo voleva vendere a prezzo concordato, il secondo si opponeva, escogitando qualche stratagemma possibile per non condurre a buon fine il negoziato.

La discussione durò a lungo, frastornata da urla, colorita di parolacce e movimentata da inutili strette di mano che, come mediatore, tentava invano di realizzare tirando a tutta forza le braccia dei contraenti. Alla fine la trattativa fu conclusa, la stima delle bestie era stata fatta: si univano le mani dei contraenti, si ripeteva con forza il movimento dall'alto in basso, accompagnato da frasi che mettevano fine a ogni discussione. Nel frattempo, il tira e molla aveva attirato i soliti curiosi che si divertivano ad ascoltare il battibecco. Con molto entusiasmo per il buon risultato della trattativa, il viaggio di ritorno fu molto meno faticoso, il camion era carico di bestie, le salite erano ripide, rientrando a casa si transitava per alcune borgate, chiedendo vitto e alloggio, nelle soste c'era sempre chi domandava quanto costava quella bestia, ma non si potevano rivendere, erano state comprate per un commerciante di Riccione che aspettava per la consegna.

Per dare l'età ad una bestia basta guardare in bocca la dentatura. A Caprese ci fu una mediazione per l'acquisto di un toro di razza chianina, con dei nastri rossi legati alle corna, tutto procedeva secondo la norma; l'affare era stato fatto: pagamento subito e in contanti. Pino salva la parola del compratore, per il ritiro del toro alcuni giorni dopo. Trascorso tale periodo, insieme al commerciante tornarono nel podere, arrivarono a mezzogiorno, la famiglia era seduta a tavola, aggiunsero tre coperti e offrirono la minestra con la pasta, come secondo una frittata, poi tutti insieme andarono nella stalla, una guardata alla bestia e lo caricano. Nel tragitto di ritorno partirono felici, si fermarono a bere in un'osteria, all'uscita si accorsero che il toro non era quello della compra. Guardando la dentatura era molto più vecchio, decisero di tornare indietro a rivendicare il toro venduto.

Arrivati dal mezzadro capirono che c'era stato lo scambio, una cosa impensabile, eppure a suo dire il contadino era una persona onesta: tra i tre nasce una discussione, ma niente da fare, il contadino del podere sostiene che quello era il toro messo in vendita e andava bene così. Queste parole produssero l'effetto di una doccia fredda. Al mercante batteva il cuore, il sensale sosteneva che si era salvato la parola, per i due non rimaneva che ingoiare l'imbroglio, andando svanite le fatiche sostenute per la compra, trattandosi di una bestia vecchia il prezzo era salato, e non di poco. Pino racconta ancora il suo lavoro da sensale, i suoi anni spesi a caricare e scaricare bovini, nel suo lavoro non doveva sbagliare nel peso, la pesatura del bestiame nelle stalle si faceva ad occhio, perché si risparmiavano i soldi per la pesa. Il commerciante che comprava la bestia, in seguito faceva mettere tutto sulla bilancia quello che prima aveva comperato, l'esperienza e l'abilità faceva si che nel peso si fallisse di pochi chili. Molto spesso capitava di fare delle consegne nel modenese, con animali provenienti dai mercati, poderi e fattorie della Valtiberina, nel tragitto qualche bestia moriva, si sperava sempre di trovare il commerciante giusto che acquistasse l'animale morto, la cui carne era destinata ai leoni. Non tutti gli affari andavamo a buon fine, la mezzadria è un insieme di valori, l'onestà da ambo le parti è molto significativa; una partita di suini comprati e pagati, al momento della consegna per motivi di salute il compratore non li ritira, e con grande stupore per il mancato accordo, i due decidono di metterli nel porcile per la macellazione casalinga e rivenderli in seguito: era l'unico modo per recuperare il denaro che in altri modi sarebbe andato perduto.

I migliori affari con il bestiame si realizzavano nella riviera romagnola, i titolari degli alberghi chiedevano carne montanara per distribuire ai clienti, una lotta commerciale senza confini, con il sostegno di un grossista del posto. Pino riusciva a consegnare vacche macellate che, nel mercato tradizionale, non sarebbero mai state vendute. Con l'abbandono delle campagne negli anni '60 questo mestiere è venuto a meno, più nessuno insegna al proprio figlio o parente a esercitare questa attività, fatta di sacrificio, soprattutto una grande onestà verso colui che crede nell'operato del sensale, regolato esclusivamente sulla parola data al momento della compera.

LA MISERIA DELLA METILDE

La Metilde in vespa

Sono nata in una famiglia modesta, povera. Eravamo in otto, cinque fratelli e tre sorelle, mio padre faceva l'agricoltore, mia mamma la casalinga, i miei mi chiamarono Metilde. Sono andata a scuola a Stiavola, ho fatto la prima e la terza elementare, la seconda solo serale, perché il mio maestro durante la guerra doveva rimanere nascosto come i miei fratelli, in quanto i fascisti lo cercavano. Il babbo lavorava la terra, faceva lavori anche occasionali, ma questo non bastava, eravamo sempre poveri. Mi sono sposata a 23 anni con Raniero, ho avuto una figlia, abbiamo messo su l'azienda agricola dei miei suoceri, due vacche, un vitello e sei pecore, le quali morirono insieme a una vacca per una malattia sconosciuta e si dovette ripartire daccapo. Si viveva in un ambiente degradato, alla soglia della sopravivenza, non avevamo l'acqua in casa, si doveva andare al fontanile, che distava diverse centinaia di metri, e per lavare i panni con la cenere si andava al torrente Valcelle. Nei ritagli di tempo provvedevo a rammendare mutande, a rattoppare camicie, gonne e pantaloni e a preparare il corredo. Si illuminava la cucina con il lume a carburo, per la luce nelle camere si usava la candela. La giornata lavorativa della Metilde iniziava all'alba per finire al tramonto, i compiti erano molteplici e diversificati: custodiva e allevava animali, polli, conigli, galline, governava vacche e pecore. Al mattino iniziava la lavorazione del formaggio, si scaldava il latte di pecora o di vacca e si girava con un mescolo, lo si lasciava riposare e si aggiungeva del siero, poi si lavorava con le mani e, una volta sistemato in una cacina, si faceva scolare e riponeva in un luogo fresco per la stagionatura. Curavo l'orto, controllavo il grado di maturazione dei prodotti orticoli, raccoglievo erbe di campo. In ottobre, dopo il raccolto delle patate, s'iniziava la preparazione del terreno per la semina del grano.

Per arare si usava un perticaio trainato da un paio di buoi o vacche: il lavoro iniziava molto presto al mattino e finiva la sera molto tardi, quando il sole tramontava. A mezzogiorno il lavoro era interrotto, per circa un'ora, in modo da permettere a bestie e ad uomini di mangiare e riposare. Verso i primi del mese di giugno si provvedeva al taglio del fieno, con una falce fienaia, e si girava a mano con un forcone. Giunti alla maturazione del grano, si procedeva alla mietitura: noi donne eravamo impegnate a tempo pieno nei lavori di cucina e nel trasporto delle vivande dalla casa al campo. Il grano mietuto a mano era legato in mannelli, ammassato in covoni, trasportato nell'aia con il barroccio. Poi si procedeva alla trebbiatura, dopo di che si riponeva nella cantina di casa. Finito il periodo della battitura, si facevano le fascine per il bestiame, foglie tenere di cerro, si raccoglievano in fasci e si lasciavano seccare al sole. Una volta seccate venivano ammucchiate all'esterno della stalla e prelevate d'inverno per l'alimentazione del bestiame. Nel periodo dell'autunno si procedeva alla letamazione dei campi mediante concime vaccino (stabbio), accumulato durante l'anno in grandi mucchi perché maturasse. Nella famiglia contadina era indispensabile il ruolo della donna, anche se erano gli uomini a svolgere lavori manuali, ma talvolta usavo anche la vanga, la quale richiedeva una robustezza non comune e imponeva uno sforzo fisico notevole. Il vero tessuto della vita sociale era rappresentato dalla parrocchia, che svolgeva anche la funzione di unico momento di socializzazione per i contadini. Ci si rivolgeva al parroco non solo per i bisogni spirituali, ma per ogni necessità. La parrocchia era il centro di cerimonie religiose, come le cresime, le comunioni, processioni, per finire con la festa annuale della Madonna, che veniva celebrata la quarta domenica di settembre. Questo tipo di rito permetteva alle donne di uscire dagli ambiti strettamente domestici.

A volte la disperazione induceva a peccare di sfiducia nei confronti della provvidenza, e la fame era uno di questi casi. Il diavolo si mescolava continuamente alle umane faccende per tentare, ispirare odio e calunnie, contagiare il villaggio col frutto velenoso dell'invidia, ma il ruolo del demonio serviva per punire chi si allontanava dalle leggi di Dio, come chi camminava all'indietro si diceva pestasse i capelli alla Madonna ed era punito con la pena eterna. Durante il lungo inverno, l'osteria del villaggio assolveva una funzione importante per quanto riguarda la socializzazione e la cultura. Nell'osteria, infatti, il bere non era lo scopo principale, diventava piuttosto un pretesto per incontrarsi, per giocare a carte, parlare, scambiare consigli e informazioni utili al lavoro, contrattare, stringere amicizie o sfogare risentimenti. Ma l'osteria era anche luogo dove ci si riuniva per fare poesia, per cantare accompagnandosi con la fisarmonica e passare un'ora di allegria dimenticando l'asprezza della vita. In questo luogo gli uomini potevano parlare liberamente, senza gelosie da parte delle donne e dei bambini. Si discuteva di politica e si esprimevano opinioni, parlando male delle femmine senza nessuna malizia. Il focolare domestico era tenuto sempre acceso durante il giorno, perché si usava per cucinare con la fiamma del camino dove, appeso alla catena, vi era un paiolo di rame, rifornito continuamente con acqua, mentre sul treppiede di ferro si poggiavano i tegami per cucinare. Di notte le braci venivano ammucchiate con la paletta di ferro e ricoperte con cenere. La pignatta veniva lasciata durante la notte semisepolta dalla cenere, in cui si facevano ammollare ceci o fagioli secchi per il giorno seguente.

L'alimentazione era la minestra, qualche volta il vino e pane una volta alla settimana, tutti gli altri giorni polenta alla mattina, a mezzogiorno ed alla sera, con cipolle o formaggio (carne quasi mai). Attorno al fuoco si recitava il rosario serale, si discutevano le questioni di famiglia, i problemi riguardanti il lavoro, si prendevano insieme le decisioni più importanti. Dopo cena ogni lume era spento per ridurre il consumo, spesso si risparmiava anche la legna, perché due o più famiglie si riunivano a turno presso lo stesso focolare. Gli anziani entravano in contatto con i giovani, un contatto molto più diretto di quello quotidiano. Con il passare del tempo la radio e la televisione avevano fatto il loro debutto nelle case, la sera i giovani si riunivano attorno al piccolo schermo, ascoltavano i nuovi speaker televisivi e, a poco a poco, venne a meno il rispetto nei confronti degli anziani, si misero in discussione le vecchie tradizioni famigliari. La poesia della vita, anche se molto dura, era stata soppiantata dall'egoismo e dalla corsa alla ricchezza.

IL MAIALE AMMAZZATO IN CASA

I maiali nello stalletto

La regola che vige è: "del maiale non si butta via niente, dal sangue alle budella, dal pelo alle unghie". Da lungo tempo nelle famiglie il maiale è stato la risorsa di carne e il condimento per un anno intero. Il sostentamento della famiglia contadina era strettamente connesso, in maggior misura nel passato, alla possibilità di possedere il tanto ambito animale a tal punto da porre in discussione la stessa sopravvivenza, qualora fosse mancata questa opportunità irrinunciabile La sua macellazione equivale ad un vero e proprio rito in cui il maiale è l'oggetto del sacrificio. L'utilizzo di questo animale è antichissimo, risale nientemeno che alla cucina degli antichi romani. Attorno all'allevamento dei maiali ruotavano dei personaggi che svolgevano mansioni particolari: il "porcaro", il pastore dei porci, che ogni mattina prendeva i maiali, li portava nei boschi a mangiare le ghiande e la sera li riportava nello stalletto. Non bisogna uccidere un maiale in calore, la cui carne è quasi immangiabile sia per il sapore che per l'odore pungente di orina. Ancora oggi si dice che se la bestia è una femmina, al momento che si scioglie il grasso per ricavarne lo strutto, si produce tanta schiuma che trabocca il paiolo sul fuoco. Con il tempo, il mestiere del Norcino, colui che lavora le carni, diventò una professione specializzata ed era esercitata da persone che percorrevano a piedi le distanze tra un paese e l'altro, attraversando le campagne e offrendo il mestiere. L'addetto alla macellazione non è mai il padrone, a causa del rapporto effettivo che si crea tra lui e il porco. Si racconta che nel momento dell'uccisione, il padrone spariva dalla circolazione, non sopportava vedere morire il suo animale. L'allevamento del maiale a domicilio incomincia solitamente nei mesi di Marzo o Aprile, quando si acquista un maialino appena svezzato. Una volta usava la stretta di mano per concludere la trattativa.

Verso la fine di Agosto si inizia l'ingrassamento vero, passando ad una nutrizione più abbondante, aggiungendo alla broda patate e frumento, aumentando la dose con l'avvicinarsi all'epoca del maiale morto.

Quando cominciavano i primi freddi, tra una bevuta e l'altra, gli uomini discutevano nell'osteria la data dell'uccisione: per alcuni il periodo migliore era quello natalizio, altri sostenevano che era meglio aspettare la metà di Gennaio, in quanto la tramontana asciugava la carne. Poi un giorno passava il Norcino e tutti volevano ammazzare il maiale. Perché al villaggio era così, nessuno voleva essere il primo, ma neppure l'ultimo. Una volta nelle comunità rurali, il momento dell'uccisione e della macellazione del suino era considerato una festa. Oggi, si sta rivalutando in Toscana, dopo anni di diminuzione, la lavorazione tradizionale e locale. Si preferisce mangiare qualcosa di cui si è seguito il ciclo di preparazione. Allevare i maiali in casa significa avere molta cura nell'alimentazione, senza trattamenti farmacologici, con un risultato di qualità superiore nei salumi.

Oddone, vive a Palazzi, alleva maiali per la sua famiglia. Il rito dell'uccisione avviene all'alba, in una mattina d'inverno, quando la temperatura si fa particolarmente rigida. I primi preparativi sono quelli di accendere il camino e prendere alcuni paioli, versare dell'acqua per metterla a scaldare. Poi Oddone entra nel porcile, lega per il grugno il maiale con una funicella e lo fa uscire fuori. La corda legata al grugno serve a tenergli ferma la testa e quindi centrare con un colpo solo di pistola il suo cervello, per dare all'animale una morte istantanea e indolore. Il maiale stramazza a terra, con un lungo coltello viene scannato, affinché il sangue fuoriesca dal corpo, poi lo si recupera per fare il migliaccio. Fra nubi di vapore, acqua bollente e coltelli ben affilati, si inizia la pelatura, raschiando la pelle scottata dell'animale.

Ognuno dei presenti, dopo avere bevuto qualche bicchiere di vino, fa chiacchiere, magari si vanta che il suo maiale è più grosso di altri. Finita tale operazione, il maiale viene sollevato per le zampe posteriori fintanto che, tra il grugno e il pavimento ci sia spazio sufficiente per mettere il catino. Il Norcino affila il coltello, incide nella carne al centro dei due cosci posteriori e giù dritto sul ventre fino all'ombelico. Con il " capisteio" si raccolgono i budelli per poterli lavare. Si inizia a staccare il fegato, qualche pezzetto di coratella, e si finisce per prelevare qualche pezzo scelto di magro, senza sciupare la bestia Il torace del maiale viene divaricato con due pezzi di legno. Nel frattempo Ada stacca il paiolo dalla catena, perché la polenta si deve raffreddare, poco prima di versarla nella spianatoia.

Dopo circa due giorni si procede alla spezzatura. Sotto le mani sapienti di Oddone, con molta cura il maiale viene custodito. Si tolgono costole, spina dorsale, si leva la testa, staccata all'altezza del collo, successivamente si esportano le guance, poi spalle e cosce, si tolgono le cotenne. Si suddivide la carne in tre qualità, quella più bianca da utilizzare per soprassate, quella più rossa per salsicce e sambudelli, quella della sottopancia per fare lo strutto. La carne viene macinata, salata, pepata ed aromatizzata con limone e vino bianco, poi mescolata. Per carni con cui si fanno le soprassate si usa il pepe nero grosso. Si preparano ciccioli da mettere sul fuoco, si cola lo strutto per poi collocarlo nella vescica conciata del maiale. Si procede con gli ossi delle zampe, insieme alle cotiche, e tutti i residui della lavorazione del maiale. La carne, poi, viene insaccata in budella, legata e messa in soffitto, in locali ben arieggiati e affumicata con fuoco a legna. Durante la fase di riempimento si presta molta attenzione, affinché non si creino bolle d'aria all'interno del budello. Per evitare tutto ciò, di tanto in tanto, si punzecchia il budello con uno spillo. Conclusa tale operazione, la sera finisce con il banchetto, che è particolarmente atteso.

Tutti i componenti della famiglia e coloro che vi hanno contribuito mangiano pasta fatta in casa, in prevalenza con l'osso e altre parti del maiale, senza tuttavia rinunciare al piatto prelibato del fegato che, tagliato a pezzetti, viene avvolto nella rete del suino, aromatizzato con foglie di alloro e fritto in abbondante strutto: il tutto accompagnato da abbondante vino rosso.

LA BENEDIZIONE DENTRO LE CASE NEL PERIODO DI PASQUA

Il Parroco nel rito della benedizione

La benedizione pasquale è una tradizione preziosissima, che nessun sacerdote può prendersi la libertà di lasciar cadere. Al contrario, essa dovrebbe configurarsi il più possibile, sempre nel rispetto della sua essenziale natura di rito, in un vero incontro pastorale con la famiglia. Così, seguendo una prassi cara e antica, i nostri sacerdoti entreranno in quasi tutte le case delle nostre Parrocchie a portare la benedizione di Dio e il ricordo del Battesimo con l'acqua, già benedetta la notte di Pasqua. Una piccola cerimonia dal grande significato per chi guarda al di là delle apparenze, cioè con lo sguardo della Fede. Il Dio della Liberazione dalla schiavitù dell'Egitto, il Dio della Resurrezione di Gesù, passa ancora nelle nostre case e nella nostra vita per sostenerci nel cammino faticoso della liberazione dal male, sia sociale sia personale. Durante la visita alle famiglie i presbiteri possono favorire una migliore conoscenza con la propria gente; hanno l'opportunità di constatare come accanto alle gioie vi siano anche tante croci e tante difficoltà, sia nella salute sia nelle relazioni con le persone. La visita pasquale è occasione per l'annuncio evangelico, per riavvicinare esperienze di preghiera e di ascolto della parola di Dio, per sollecitare la collaborazione alla vita della comunità. E' altresì, propizia occasione per incontrare tutti ed avere un reale polso della vita spirituale e concreta degli abitanti della Parrocchia. Trattandosi della benedizione annuale alle famiglie, si richiede la presenza dei loro membri. Per cui non si deve fare la benedizione delle case senza la presenza di coloro che vi abitano. La chiesa intende benedire le persone che vi abitano, oltre che la dimora stessa delle persone. Tuttavia, anche il caro antico rito della benedizione annuale delle famiglie nelle case sta conoscendo delle innovazioni. Non pochi parroci e sacerdoti adducono alcune motivazioni che indubbiamente aprono prospettive pastorali diverse.

Ad esempio: sono sempre più numerose le famiglie che appartengono ad altri religioni. Così sono le famiglie che non desiderano la benedizione o che la subiscono come una consuetudine alla quale non ci si può sottrarre, almeno per cortesia. Infine, per motivi di lavoro che spesso coinvolge i due coniugi, le abitazioni rimangono spesso vuote fino a tarda ora, o raramente la benedizione viene data alla presenza di tutti i familiari. Ecco allora la novità: in molte parrocchie, nella notte del sabato santo, si consegna ai capi-famiglia e alle persone sole una bottiglietta contenente l'acqua benedetta nella veglia pasquale. Così ogni famiglia avrà modo di benedire la propria casa utilizzando un po' di acqua benedetta in chiesa la notte di Pasqua. Un rito da fare alla presenza di tutti i componenti del nucleo familiare. In tal modo si benedice anche la casa in quanto dimora della famiglia. Lo spirito originario della benedizione annuale nelle case era quello di portare la grazia della Pasqua in tutte le famiglie e di pregare insieme nelle case. Negli ultimi anni, come si diceva e per le motivazioni sopra accennate, ha preso consuetudine la benedizione impartita dal capo-famiglia o da un congiunto, recuperando in tal modo la fonte, la sorgente di benedizione della casa, che è il sacramento del matrimonio e la famiglia. Dando tutti,vedove e single, la possibilità di benedire la casa diventa anche un modo per superare il concetto di benedizione come qualche cosa di magico, automatico o scaramantico e serve a recuperare la famiglia come una realtà fatta da Dio, già da lui santificata e fonte di benedizione. Perciò, chi desidera comunque la benedizione del sacerdote lo potrà sempre richiedere. E' un'occasione preziosa per l'esercizio della loro missione pastorale: occasione tanto più efficace in quanto offre la possibilità di avvicinare e conoscere tutte le famiglie.

Il parroco badiale Don Fiorenzo, ormai ultra novantenne, ricorda la festa con questo pensiero:" E' per me una gioia costantemente rinnovata rivolgervi uno speciale messaggio in occasione della Pasqua, per testimoniarvi anche in questo modo l'affetto che vi porto. Custodisco nella memoria, come un ricordo luminoso, le impressioni suscitate in me dai nostri incontri in questo periodo. Mi rivolgo ai giovani, alle famiglie, ai bisognosi e rinnovo il messaggio di non essere testimoni di questo tempo minacciato dalla violenza, dall'odio e dalla guerra. Impegnatevi a ricercare e promuovere la pace, la giustizia e al fraternità."

ALLA RICERCA DEL TARTUFO

Il tartufaio con il cane

"Di Tartufo non mi stufo" così racconta Fedoro un esperto tartufaio. Si può diventare tartufai anche per hobby, per il piacere di trovare un frutto della terra così particolare da condividere in occasione di un pranzo in famiglia, o con gli amici. Può però diventare una fonte di reddito, utile per integrare i guadagni della propria attività lavorativa. Il tartufo è il vero re della gastronomia, tanto raro quanto profumato. Questo piccolo tubero è capace di scatenare una vera e propria "corsa all'oro" in senso non solo metaforico visto il suo valore monetario. Ogni autunno sulle nostre colline, i cercatori di tartufi e i loro cani, percorrono sentieri tra alberi e tigli e lungo i pendii di querce e salici alla ricerca del tuber, il cui sapore inconfondibile trionferà poi sulle tavole. In questo territorio fatto di monti, valli e boschi ricco di opportunità ambientali e naturalistiche è proprio il tartufo che qui trova terreno e clima adatto al bianco pregiato, molto diffuso da queste parti. Il tartufo nasce e cresce in prossimità delle radici degli alberi, in particolare ama il pioppo, il tiglio, la quercia ed il salice. Vive in simbiosi con la pianta che lo ospita, tanto che il colore, il profumo ed il sapore dipendono direttamente dal tipo di albero con il quale il tartufo nasce e cresce. In autunno è il momento del tartufo bianco, il più pregiato ed il più caro in assoluto, da dicembre a marzo del tartufo nero pregiato, alla fine dell'inverno e per tutta la primavera si può trovare il cosiddetto bianchetto o marzuolo e, durante l'estate, lo scorzone. La ricerca è affidata, da sempre, all'esperienza dell'uomo nell'individuare le piante e l'infallibile fiuto del suo cane che, individuato il punto esatto, scava freneticamente per poter portare alla luce il prezioso tuber profumato. Un mondo, quello del tartufo, che richiama inevitabilmente alla durezza di una vita contadina. Il trifolaio è di norma un agricoltore non più giovanissimo, che occupa il suo tempo autunnale alla caccia perenne dell'esemplare che diventi storico per peso, forma e profumo.

Il personaggio si distingue di come sa muoversi e confondersi con l'ambiente circostante. Si racconta che un buon cavatore avendo individuato la zona con il suo cane, aspetta il giorno coprendosi di foglie e dormirvi accanto aspettando l'alba. I tartufai devono avere molta pazienza e tempo libero. Affrontano levatacce nel cuore della notte per essere nel bosco all'alba prima di tutti, e sono pronti a lunghe camminate nel freddo e nell'umidità autunnali, talvolta senza trovare nulla. I veri tartufai conoscono palmo a palmo la propria zona, ma anche le singole piante: sanno che una produce il tartufo e l'altra no, per ragioni più o meno misteriose, indirizzando di conseguenza il cane da ricerca. Un buon cane, vale diverse migliaia di euro, perché ha un ottimo fiuto ed è stato accuratamente addestrato per parecchio tempo, con pazienza e amore. Purtroppo, in alcuni casi, cercatori senza scrupoli si dedicano alla raccolta dei tartufi ancora immaturi, scavando presso le crepe del terreno, dove maggiore è la possibilità di cavare il tartufo oppure, cosa estremamente peggiore, zappando indiscriminatamente tutta la pastura, arrecando un enorme danno ambientale, in quanto vengono spezzate le radici e viene distrutto il micelio fungino che sta alimentando i carpofori, non ancora pronti per la raccolta. Forse non tutti sanno che il tartufo è un fungo ipogeo, ovvero sotterraneo. Da vecchio esperto Fedoro sostiene che il tartufo è maturo soltanto la terza luna, dopo le piogge, a partire dal mese di Settembre. Questo tipo di ricerca è molto speciale e certamente non facile. Logico che il tartufaio, sia restio, a dare poche spiegazioni, e indicazioni circa la loro attività, tanto che si parla perfino di pedinamenti e appostamenti con il binocolo, per scoprirne i segreti. Fedoro, non ha chiuso occhio tutta la notte, per anticipare gli altri cercatori, al mattino esce presto di casa e corre a prendere il suo cane Lara che, con il suo fiuto finissimo, vedendolo arrivare, comincia a muovere la coda, sapendo già cosa l'aspetta per tutta la giornata.

Fedoro si avventura, a piedi, per sentieri e strade impervie; giunti nella zona conosciuta, il cane inizia la cerca, il naso incollato al terreno, percorre brevi tratti poi si ferma, e inizia a raspare. Qui nascono pensieri "c'è o non c'è" oppure "come sarà grosso e bello", poi ci si avvicina con calma si accarezza, si calma e inizia a scavare con attenzione per non rovinare il prezioso tesoro della terra, si estrae la trufola con il vanghino, si accarezza ancora il cane e lo si premia con qualche biscottino portato via per l'occasione, poi si ricopre la buca con le zolle del terreno che va rimosso, per non lasciare traccia del suo passaggio e così riprende la ricerca. Tutte queste operazioni vengono effettuate per tutta la durata della giornata; finalmente a sera, si ritorna a casa con il tartufo nella sacca dello zaino, curandosi di nasconderlo bene. La vendita con il commerciante è una trattativa segreta, nessuno dei due tradisce tale segreto. Racconta una vecchia leggenda che per essere buoni tartufai devi essere un buon bugiardo, questo significato sta a disorientare gli altri cercatori, i quali non sapranno mai quanta trufola ha trovato l'altro.

LA BATTUTA DI CACCIA AL CINGHIALE

Branco di cinghiale

Sport, tempo libero, caccia al cinghiale. Quando inizia la caccia al cinghiale il sole è già sorto nel cielo, il capo squadra adempie alle ultime istruzioni venatorie. Silvano, un cacciatore immaginario, racconta di sua fantasia una giornata di caccia.. La partenza è piena di umorismo:" chissà quanti animali oggi cadranno sotto i colpi del nuovo fucile comprato per l'occasione!!!". Questo tipo di caccia è costituito da un gruppo di circa 40/50 cacciatori. La tracciatura è fatta dai più esperti, insieme ai cani, per vedere le orme lasciate dal passaggio del cinghiale e ,di conseguenza ,stabilire dove si trovano i cinghiali stessi per poterli cacciare. Dopo queste fasi si sciolgono i cani nella zona dove si presuppone si trovino i cinghiali, affidando loro il compito di trovare, stanare e mandare i cinghiali stessi verso le poste. Il cinghiale è l'animale più ruvido e combattivo da affrontare con cani. La sua caccia è spesso cruenta e non solo per lui. La battuta vuole che le incombenze della caccia siano divise tra i battitori e i postaioli. I battitori di solito sono i più giovani, e hanno il compito di scandagliare la macchia con il cane per mettere in fuga il cinghiale. Diverso è il compito dei postaioli, che devono aspettare alle poste e sparare diritto, con molta attenzione. Il compito più importante viene affidato al capocaccia o capobattuta. In genere è il più esperto e appassionato del gruppo, ed è lui che, assieme a persone di sua fiducia, deve localizzare le bestie da cacciare, assicurarsi che siano nella dimora e mettere le poste nel posto giusto, con l'aiuto dei conoscitori del luoghi. La battuta inizia con grande rumore e grida, poi ogni tanto si esplodono colpi di fucile in aria ,per forzare ad uscire l'animale accovacciato. I cani seguono i cinghiali e, se sono esperti, non si avvicinano molto per non essere attaccati.

I cani giovani a volte fanno delle brutte esperienze che si concludono spesso dal veterinario. Al cinghiale si spara a palla, e qui bisogna fare molta attenzione, perché le fucilate vanno molto lontano. Oggi sono venute di moda le carabine a canna rigata, che permettono un tiro da molto lontano. Meglio ancora un fucile da caccia a canna liscia, con cartucce a palla, perché permette una migliore imbracciatura e una presa di mira più intuitiva. Silvano continua a raccontare la sua battuta di caccia: "percorsi circa 100 metri, sentii distintamente il grugnito dei cinghiali al limite del bosco, tornai immediatamente sui miei passi per raggiungere la posta che avevo momentaneamente abbandonato, perché gli animali dovevano trovarsi proprio in quella direzione, dalla parte opposta da quella da cui provenivo. Giunto di corsa alla posta, se i cinghiali fossero stati ancora presenti, mi avrebbero facilmente avvertito con il loro rumore e cominciai così a scrutare il bosco, da quella parte. Poco dopo scorsi le sagome di due cinghiali, proprio al margine di un terreno, mi preparai frettolosamente al tiro, perché gli animali si dimostravano nervosi,seguiti dai cani, e forse avevano già percepito la mia presenza. Da un'altra posizione il tiro non era difficile, avrei potuto mirare con più accuratezza. Non avendo comunque, un'altra scelta, trattenendo il respiro, mi accingevo a premere il grilletto, quando mi ricordai che, nella la fretta, non avevo azionato la sicura, ma di corsa riuscii a fare partire il colpo e sentire distintamente il grugnito dell'animale colpito. Con disappunto verificai che il cinghiale ferito non era più lì, tuttavia, pochi metri all'interno della macchia, sulla mia destra, sentii un leggero sfrascare, decisi di inoltrarmi tra i primi quercioli e mi trovai immediatamente in un intrigato sottobosco in cui predominava il pungitopo. Seguendo il fruscio prodotto dall'animale arrivai in una radura ove i pungitopo, appena meno fitti, mi permisero di scorgere il cinghiale, che stimai essere di una cinquantina di chili. Imbracciai il fucile, sparai ad occhi aperti sulla sagoma un colpo a bruciapelo.

Il cinghiale cominciò a dibattersi, spingendosi ancora di più verso un profondo e intricatissimo fosso. Sparai in rapida successione ancora due colpi, a brevissima distanza, ma mancai completamente il bersaglio. Ero disperato per avere una preda che, pur ferita e vicinissima, continuava ad allontanarsi. In breve tempo ricaricai l'arma, mi diressi verso gli sfrascamenti sempre più flebili e lontani, e dopo qualche minuto raggiunsi la bestia che finii con un colpo a bruciapelo, alla testa. Sudato fradicio ma soddisfatto per il mio recupero, chiamai glia altri per fare vedere la preda. Poi la serata finì in festeggiamenti e vino per tutti, con scherzi di vario tipo per le mie padelle".

IL CANTONIERE E LE STRADE

Turbina in movimento

Angeli Archimede, conosciuto dai colleghi con il nome di Mede, ha fatto il Cantoniere ANAS per 29 anni, nella Strada Statale 258 Marecchiese, nel cantone di Badia Tedalda-Sansepolcro. Nei primi anni sessanta, Mede era stato licenziato come autista da una ditta di movimento terra. Una mattina di fine inverno, un'occhiata triste fuori dalla finestra, piove, nevica, si farà qualcosa, magari più tardi - era il 15 marzo 1965 - poi Mede sente qualcuno salire le scale coperte di neve, una voce lo chiama, apre la porta, si vede dinanzi il Capo Cantoniere Bianchini, tra i due c'è un breve colloquio, segue una richiesta di condurre lo spazzaneve all'ente. Per Mede, inizia un periodo di grande piacere e soddisfazione, una vera vocazione: si mette alla guida di un camion Fiat 42, sgombra la neve per la strada serpeggiante della Marecchiese. Il lavoro fu temporaneo, venne mandato via il 15 novembre dello stesso anno, con promessa di una nuova chiamata che tardò assai a pervenire. Più tardi, ad anni di distanza, si venne a sapere che,su intervento dell'allora Amministrazione Comunale di Badia Tedalda, erano state fatte pressioni sull'Ufficio Personale dell'ANAS affinché non si procedesse a riassunzione al lavoro di Mede in quanto considerato "comunista"!!! Ma la professionalità di Mede era indiscussa, come la sua serietà e volontà di lavorare, così che finalmente arrivò la nuova chiamata. Il precariato di Mede durò ben 4 anni e solo il 1° Gennaio 1969 fu assunto come autista Cantoniere. In periferia di Badia Tedalda era posizionato il magazzino Anas, punto d'incontro tra i Cantonieri prima di prestare servizio per svolgere regolare manutenzione stradale. Per il tragitto, Mede usava un motocarro Guzzi di colore grigio, nel cassone sistemava picconi, zappe, badili, scope e falce: l'attrezzatura per il suo lavoro giornaliero.

Con un andare incerto e vacillante, contrassegnato dalla divisa dell'ente di appartenenza, portava in spalla il badile o la scopa. Sapeva tutto dello stato di salute della strada, era il primo informatore dell'amministrazione, sapeva quando si sarebbero dovute ripulire le griglie, fossette di scolo delle acque, predisporre lungo le strade il sale per le possibile nevicate, poi la necessità di rifornitura di pietrisco. In caso di piogge abbondanti, Mede conosceva addirittura quali percorsi avrebbe fatto l'acqua. Con l'arrivo della cattiva stagione, capitava qualche volta di avere pozzetti intasati da mesi, che impedivano il regolare flusso delle acque di scolo, la strada sembrava un fiume in piena, formando tanti piccoli o grandi laghi, creando difficoltà alla circolazione. Con prontezza e sacrificio, Mede si armava di pazienza, munito di pala e piccone, provvedeva ad aprire tombini, fossette, togliere sassi e fango, per consentire il regolare deflusso delle acque. Per il Cantoniere la colazione è qualcosa di sacro e tipico: piove, nevica, non ha importanza, ritrovo al bar in cima all'Alpe. Lì dentro il tempo non passava mai, i salumi erano la cosa preferita, per concludere con del vino rosso. Spesso giungeva qualche conoscente, per cause di avversità atmosferiche, in cambio dell'aiuto, era disposto a pagare il conto. Passa qualche tempo, lo stradino è pronto per il servizio, deve tappare una buca alle Fontanelle: arrivato sul posto, con molta calma, si arma di attrezzatura varia, qualche palata di catrame e ghiaia e il lavoro è finito, poi prosegue nei sali e scendi fino alla fine del cantone. Non trovando altre difficoltà al piano viabile, riprende il percorso del ritorno. Nel viaggio nota alcuni rami di qualche pianta spezzettati sopra un paracarro, si ferma, li raccoglie, con sguardo sorridente per l'andamento della giornata, e li scaraventa via. Nei periodi invernali la neve imbiancava la cima del Passo di Viamaggio.

A volte, la circolazione scorreva senza grossi problemi, faceva freddo, la giornata era limpida, Mede sostava al bar a prendere un caffè caldo, mentre conversava arrivò un signore dalla faccia sconvolta, spiegò di essere rimasto intrappolato con la propria auto al Refanone, pochi minuti di marcia sotto il freddo e Mede raggiunse la curva, dell'auto nessuna traccia, si girò intorno e la vide di traverso in una strada secondaria, si avvicinò, notò dentro una signora che conosceva bene, tutta nuda, molto agitata nel coprirsi la testa: Mede, sbigottito e incredulo in un primo momento, si avvicinò alla macchia, spazzò via la neve dal parabrezza, prese una corda, con il mezzo liberò i due sventurati amanti dalla morsa del ghiaccio. Nel periodo della grande nevicata del novembre 78, la tormenta durò tre giorni, senza mai smettere; la strada era un inferno, il gelo aveva paralizzato tutta la vallata, la guida con lo spazzaneve creava molta tensione, le ore di lavoro furono 36, senza mai coricarsi. Lunghi candelotti di ghiaccio scendevano dallo sportello della cabina, fuori tra la neve bianca, alla Traforata un camion era uscito di strada, uno strappo e un aiuto nel montaggio catene e di nuovo in carreggiata, con il consiglio di tenere sempre il centro strada, l'autista del mezzo era poco esperto, non conosceva la montagna, cominciò a scendere come niente fosse, quando entrò nei tornanti della Casina di legno perse il controllo del mezzo e finì la corsa contro un faggio. L'autoarticolato si mise di traverso, la strada rimase bloccata per molte ore, nella richiesta di aiuto, nacque una discussione con lo stradino, i consigli dati non erano stati intesi, il camionista se la prendeva con Mede per la poca cura nello spalare la neve. In soccorso arrivò una ruspa Caterpillar D9, parecchie furono le ore di lavoro prima di liberare la carreggiata, il freddo pungeva le dita, la neve continuava a scendere interrottamente, il manto nevoso continuava a salire, per lo sfortunato stradino non rimaneva che lavorare, senza che nessuno apprezzasse il suo impegno verso l'utente della strada.

Gli automobilisti, quelli delle lamentele, non erano altro che curiosi di vedere il Passo di Viamaggio tutto coperto di neve e quando trovavano difficoltà nel salire, non facevano altro che mettersi in contatto con il Cantoniere per offenderlo nel suo lavoro,   dandogli dell'incapace, del vagabondo, buono a nulla, ruba stipendio;   per la gente comune, lui passava molte ore a scaldare i termosifoni dentro al bar del Maestro, sorseggiando vino e punch. Nella brutta stagione, qualche fatto curioso capitava: solito giro con lo spandi sale, poi colazione, le solite chiacchiere del tempo, dalla porta del bar spunta un diciassettenne, chiede soccorso, spiega che il babbo è rimasto fermo nel gelo alla Fonte del Papa, nel sentire richiesta di aiuto Mede, sempre pronto puntuale e preciso, cerca di mangiare in fretta, mentre il ragazzo suggerisce di fare con calma, tanto il babbo non muore. Il Cantoniere è sorpreso, non capisce tale richiesta, ma prontamente con il mezzo arriva sul posto, trova il genitore stremato dal freddo per la notte trascorsa all'agghiaccio. L'unica cosa compresa nel bisbiglio dello sventurato fu che, se passava ancora qualche minuto, lui non sarebbe riuscito a superare il disagio. Il povero Archimede tutto amareggiato bofonchiò :"oggi abbiamo questa gioventù, chissà domani cosa realizzeranno".   Chiaramente non erano da meno quei conducenti che pensavano di sapere affrontare il disagio in condizioni pessime della strada. Alcuni viaggiatori volevano dare lezione a colui che aveva speso la parte migliore della vita per gli altri, con il suo lavoro nella viabilità. Mede incontra uno di questi autisti testardi, poco esperti, e con un colpo d'occhio s'accorge che una delle sue ruote era priva di una catena, nell'affrontare la curva successiva di Biforco, il camion sarebbe rimasto in mezzo alla strada. Con una inversione da bravo autista, Mede gli vola dietro, pochi minuti dopo raggiunge il luogo e vede il camionista in difficoltà. Alla richiesta di soccorso quello rispose:" faccio da solo".

Con un gesto di stizza   ritorna sui suoi passi per non compromettersi, guarda l'orologio, vede che sono ormai le ore ventitre circa, e forse è meglio andare a dormire, le ore di straordinario effettuate sono tante e, per di più. alcune neppure retribuite. Al mattino, dopo una rigidissima notte, Mede constata che era andata in tilt tutta la Marecchiese: i mucchi di neve erano padroni della strada, nel solito giro giunge dove era fermo l'autista la sera prima, lo intravede da una certa distanza, stremato, è ancora alle prese con il montaggio catene, imbiancato come un mugnaio, viene aiutato dal Cantoniere e, senza ringraziamenti, l'individuo mette in moto il mezzo, allontanandosi nella tormenta. Dopo tante tribolazioni, gli anni avevano stancato la vita da Cantoniere, i fiocchi di neve cadevano silenziosi sopra l'abitazione di Caviano: era il 31 dicembre 1993, Angeli Archimede all'età di 63 anni, si congedò dall'Anas. Ma ancora oggi tutti ricordano Mede come l'uomo della provvidenza nelle tormente del Refanone, della Fonte del Papa, della Traforata, la sua abnegazione disinvolta nel prestare soccorso, i suoi silenzi significativi, il suo atteggiamento da burbero benefico, la sua competenza, insieme alle virtù nascoste, ne fanno una leggenda: quella dell'uomo solitario di Caviano.

IL POSTINO E LA POSTA

La borsa della posta

Cesarini Aurelio conosciuto dagli amici con il nome di Elio, ha fatto il postino per 28 anni nella frazione di Cà Raffaello. Nella zona era presente una ricevitoria postale; al mattino, l'ispettore Capano consegna i timbri e nomina il nuovo portalettere per il ritiro e la consegna della posta alla popolazione. All'inizio Elio - il postino - sconsolato, si portava le mani ai capelli, poi affascinato da quell'incarico recapitava puntale la corrispondenza. Quando mancavano totalmente le strade, tutti i paesi erano collegati fra di loro da mulattiere, la posta veniva distribuita a piedi. Con una sola cartolina da consegnare alla Casanova della Cicognaia, Elio inizia il primo giorno di lavoro, era il 16 Marzo 1961. Il nuovo postino puntualmente apriva lo sportello, prendeva in consegna la posta dal Corriere Cat, alcuni minuti prima dell'apertura al pubblico. Lettere, raccomandate, riviste, sono una piccola parte della cospicua mole di corrispondenza che deve consegnare giornalmente nei dintorni della frazione. In una borgata, Cà Senso, lontana diversi chilometri dal centro, abitava una ragazza, la quale era fidanzata con un romagnolo, questo scriveva tutti i giorni, per raggiungere la località impiegava tutta la mattina, consegnata la lettera, le solite chiacchiere, un bicchiere di vino sempre ben accettato e via di corsa per il ritorno. Le missive dovevano essere distribuite anche agli altri destinatari, il tempo non bastava mai, per finire il giro completo occorrevano 7/8 ore, ma quelle pagate erano solo 5. Nei periodi di brutta stagione Elio non riusciva a capire perché gli uffici, compreso banche e scuole, rimanevano chiusi, in quanto considerati sinistrati, mentre la posta doveva lavorare a pieno ritmo, tanto da rendere il povero postino doppiamente sinistrato, nella persona e nel lavoro. Con un cappotto fornito dall'amministrazione, incurante dell'umidità e del freddo e con tanta disponibilità, Elio sembrava invecchiato di molti anni e la sera rincasava tutto sudato e impolverato da sembrare un imbianchino.

Per portare le lettere o i pacchi postali, si aiutava spesso con un bastone strappato da qualche campo per le strade sconnesse di Monterotondo, Capriola e Montevecchio, finiva il giro a piedi, con la tracolla che lo tirava giù come una zavorra, sembrava un barbone. Dopo alcuni anni, aveva provato a consegnare la posta in bicicletta, poi in motore - un Benelli 125 di colore rosso - ma le frazioni sono situate su impervie colline e dossi con strade bianche, a volte per causa neve faticava come un ciuco. Oltre al pesante borsone, egli avrebbe dovuto trascinare dietro anche la moto. Ma niente lo fermava continuava la ricerca dei destinatari percorreva le peggiori strade con lesto e sacrificio, attraverso ogni recinto, anche di filo spinato, siepi, fossi e greppi. Al podere Vallunga, mentre distribuiva la corrispondenza, i cani, delle abitazioni vicine, a causa della sua andatura fiacca, s'inquietavano e si alternavano, ed un abbaiare per annunciare il suo arrivo tanto che era costretto a tenere sempre le tasche del già pesante giaccone gonfie di sassi, da usare all'occorrenza. Spesso capitava chi ci fossero nuovi destinatari e di non trovarli, Elio non faceva altro che chiedere dov'è Tizio, dov'è Caio, ai vicini di casa, non avendo nessuna risposta positiva, con il borsone ancora pieno con qualche lettera spiegazzata, doveva tornare indietro senza la consegna. Con la trasformazione da mulattiera a luogo di transito, il postino di Cà Raffaello compra un'automobile, una Fiat 1100 R, di colore bianco. Il sistema di distribuzione della posta è più veloce, gli itinerari consentivano di effettuare il giro in una sola mattinata, finalmente non mangiava più panini per la strada. Così passava la settimana a consegnare le lettere, nelle abitazioni di Capriola, Ortale, Cà Scarponi, fino al confine della Provincia di Pesaro, dando semplicemente un'occhiata a tutte quelle facce già note a colpo d'occhio, nome, cognome, indirizzo.

Ogni tanto qualche lepre attraversava la strada davanti a lui, a volte con aria sospetta, era contento che qualche creatura vivente osservava e seguiva il suo viaggiare, per le strade spopolate di Cerrete, Monte di Frassineto, con il verde sconfinato delle campagne e percepire l'odore dei campi. Con la neve e il ghiaccio, la circolazione diventa più difficile, molte volte impossibile, ma a lui, quando la macchina si ferma, tutti danno una mano nel tentativo di rimettere in carreggiata il mezzo. Succedeva che qualcuno gli facesse qualche dispetto, si lamentava che la posta viaggiava in ritardo, sosteneva che fare il postino era un lavoro comodo, quindi si dovevo sforzare nella consegna, questo era un giudizio pesante nei confronti del lavoratore di cui, supponeva che la popolazione non era a conoscenza delle problematiche che quotidianamente doveva affrontare. Una signora a Castellacci, non scriveva mai gli indirizzi nella busta, pretendeva che lo facesse Elio, arrabbiato cominciò a tirar moccoli a tutto spiano, finche decise di non ritirare la lettera, questa lo face richiamare dal direttore. Nei luoghi sperduti c'era sempre colui che chiedeva di ricevere la posta per primo, questo non era possibile, prima doveva sempre completare il giro. Nel periodo delle ferie del portalettere, il sostituto si trova alle prese con grandi difficoltà, non conoscendo vie e nominativi, mandava in tilt il recapito della posta, a Cà Federici, mandò smarrito l'assegno della pensione, il destinatario se la prese con Elio perché non era in servizio. Qualche volta succedeva di ingoiare il mal contento, consegnare nella mani di una madre, una moglie, una sorella, un telegramma di una persona deceduta era una cosa orribile. Un mattino piovoso in località Santa Sofia, bussa a una porta ed entra in casa; una signora faceva il bagno nella catinella, era tutta spogliata, sollevò il capo e depose la posta sul tavolo, lei lo ringraziò e gli chiese se voleva bere, imbambolato scrollò la testa ed usci.

Nelle campagne toscane, nei periodi natalizi, è diffusa un'antica tradizione, le persone fanno a gara per fare i regali al postino. Cosi, con un gallo e una gallina tra le braccia, una signora di Cà Paolacci gli disse "prendi", "non posso rispose lui, poi dove li metto", "devi fare festa" continuò la signora; lui rimase stupito e caricò gli animali in auto. Svuotamento delle cassette postali, Cà Nicola e Cà Raffaello, prima del rientro alle due del pomeriggio in ufficio - non retribuito come straordinario - deve accettare la cosa così ogni giorno, se non vuole rogne, deve adeguarsi, ha famiglia e poi cosa farebbe, deve preparare la posta per domani. Si avvicina alla scrivania, già invasa da pacchi e lettere, comincia a cercare la casella giusta della prima lettera, messa in ordine per vie e per numeri secondo la mappa del percorso ideale, stanco continua a smistare al limite della sopportabilità. Nel bene o nel male, in tutti questi anni, il tempo trascorse per lui divorando la gioventù: non lo sapeva ma era stanco, si sentiva affranto. La sua vita si era velocemente ridotta ad un insieme confuso di ricordi lontani e speranze naufragate. Trasse conforto da qualche sensazione che in passato aveva conosciuto bene, ma che ora aveva quasi dimenticato. Le promesse, erano sempre più remote e più blande, rimanevano semplice parole. Il portalettere Elio, nel suo silenzio e nella sua fatica quotidiana si ritira in riposo: correva l'anno 1989, Elio si congedò a 65 anni, con una medaglia d'argento e un diploma per l'ottimo servizio prestato.

UN MESTIERE IN BIANCO E NERO: IL CARBONAIO

Fare il carbone oggi non è più redditizio, pochi sono i produttori che continuano a fare questo mestiere che richiede impegno e sacrificio - così spiega: Marco Bernardini detto "Marco del monte". Anche quest'area Appenninica l'attività sta subendo un forte declino, i produttori sono pochi e anziani, il mercato non tira più come una volta. Un lavoro duro, tipico del montanaro quello di trasformare la legna in carbone, si lavora dall'alba al tramonto senza limite di ore. In Valtiberina, ai piedi dell'Alpe della Luna in località Monte, ci sono boschi di cerri e querce in grande quantità, qui si produce un ottimo carbone. Come tutti i mestieri, pure questo subisce le conoscenze tramandate da padre in figlio, si inizia da piccini per avere le competenze varie a costruire e gestire una carbonaia. Le carbonaie, oggi sono innalzate vicino alle case, così il carbonaio ha la possibilità di curarle e gestirle per tutta la durata della combustione. Non è più come una volta, che il carbonaio viveva per lunghi periodi nel bosco, lontano dalla propria famiglia e periodicamente le donne provvedevano al rifornimento del cibo e tutto quello che serviva per la sopravivenza

Costruire una carbonaia richiede una certa esperienza – continua: Marco, come prima cosa va individuato il luogo della collocazione, serve uno spiazzo di terra battuta ricavato da qualche parte dove più conviene, soprattutto lontano da correnti d'aria. Il quantitativo di legna utile per la sua realizzazione è di ottanta quintali circa, per potere ricavare in media venti quintali di carbone. Si inizia nella parte centrale del piazzale a conficcare in terra quattro paletti poco distanti tra loro, questi servono per la costruzione del camino centrale. Si prosegue con il legname di ugual taglio, innalzato verticalmente, appoggiato secondo un andamento circolare, quello più grosso all'interno e il più piccolo all'esterno, per chiudere la vetta della carbonaia in forma conica. Con dei cavicchi di legno si pratica una serie di fori alla base della carbonaia, questi sono necessari per fare uscire il fumo durante la combustione. Finito di innalzare la catasta, si copre tutto con uno strato di paglia, poi sopra la paglia uno strato di terra, la paglia serve per impedire le infiltrazioni della terra durante la carbonizzazione. L'accensione della carbonaia in genere ha inizio all'alba è un'impresa difficile e richiede un giorno di lavoro. Si getta dall'alto del camino una certa quantità di brace, i legnetti incendiandosi danno inizio alla combustione, per mantenere il camino carico ad intervalli di alcune ore si rimbocca la fiamma, per evitare lo spegnimento si chiude la sommità con una lastra di pietra. Dalla cima della catasta, dove è stato lasciato la bocca del camino, il carbonaio controlla l'andamento del fuoco. Nei gironi successivi, segue costantemente la trasformazione del legname in carbone che avviene prima nella parte superiore per concludersi con la carbonizzazione della parti inferiore. Osservando il fumo che fuoriesce dai fori si capisce lo stato di cottura. Il fumo bianco indica che la combustione è iniziata da poco, un fumo marrone-giallo indica che la carbonizzazione è in stato avanzato, un fumo chiaro tendente all'azzurro indica che oramai la cottura è finita. Terminata la cotta , che in media dura una decina di giorni, secondo la quantità di legname, la carbonaia viene lasciata raffreddare. Trascorsi alcuni giorni, si rimuove la terra di copertura per addentrandosi con attenzione nel cuore della cottura ricorrendo spesso all'acqua per spegnere gli ultimi tizzi ancora ardenti. Il carbone viene steso con il rastrello nella piazzola, sistemato dentro ai sacchi e stoccato pronto per la consegna.. Le attività connesse al carbone sono legate al bosco, i costi da sostenere sono sempre più alti, quando vai a vendere il prodotto – conclude: "Marco del monte" – non sempre trovi l'acquirente giusto, alcuni speculatori vogliono comprare a sotto costo, per evitare tutto questo e incoraggiare l'economia locale serve un mercato che stimoli la crescita e garantisca al cliente la qualità del prodotto che acquista.

STORIA DEL PONTE OTTO MARTIRI

Il ponte Otto Martiri sul fiume Marecchia rappresenta un collegamento strategico: in passato la maggior parte del fiume veniva superata a guado, ad acqua bassa, scegliendo punti di passaggio pianeggianti, dove le acque scorrevano più lentamente. Le due sponde contrapposte avevano pochi punti di comunicazione che oltrepassavano il Marecchia.

Le vie all'epoca erano unite da qualche passerella in legno, percorribile anche da carrozze, e per superarle, a volte, bisognava pagare una gabella. Spesso succedeva che, a causa dei continui straripamenti delle acque, per le troppe piene, le due sponde rimanevano separate per diversi mesi dell'anno, specialmente nei periodi invernali, quando il fiume ingrossava per le abbondanti piogge o nevicate. Cessata la fiumana, occorreva ricollocare strade e passerelle nella loro posizione iniziale. Il fiume che attraversa la Valmarecchia ha una gran letto, le distanze tra le due sponde sono enormi, e non è un caso se nel bacino si contano pochi ponti.

Ancora all'inizio del 900, la costruzione di un ponte era un'opera di grande impegno, considerata quasi prodigiosa. Per questo la costruzione di ponti ha dato origine a molte leggende, che spesso avevano come protagonista il diavolo, in quanto congiungere due luoghi separati era vista da molti come un'opera diabolica. Il ponte è l'unica via di comunicazione con l'altra sponda, un'opera necessaria per unire due vallate, separate da un fiume a volte sonnacchioso e a volte turbolento come il Marecchia.

Poco sappiamo sull'idea originaria della costruzione del ponte: le notizie documentabili circa il primo progetto di realizzazione non esistono, abbiamo solo qualche testimonianza orale. Si pensa che il manufatto sia stato progettato nel 1914: i primi lavori cominciarono nel 1922, la ditta esecutrice era composta da alcuni specialisti venuti dalla Germania, l'opera fu terminata nel 1925.

Il ponte venne battezzato con il nome della località dove era stato eretto: "Ponte dei Carrettoni ".

Costruito in una striscia di terra dove finiva la vecchia mulattiera ed iniziava l'attraversamento a

guado del fiume, per passare dall'alta parte della sponda.

L'opera è costruita interamente in pietra, con sette campate, sopra i parapetti realizzati con i mattoni, stuccati nei giunti con sabbia e calce.

Con questa struttura di collegamento, le vallate del Senatello e della Valtiberina per la prima volta hanno un diretto interscambio, inoltre si avvicinano i Comuni limitrofi: Pennabilli, che è nel versante di fronte e la vicina Novafeltria, in questo contesto, assumono una notevole importanza. La vera novità consiste nel poter raggiungere velocemente alcune città importanti, come Rimini e Arezzo, collegate tra loro tramite i bus di linea.

Ogni ponte racconta la propria storia: quella del ponte Carrettoni, poi Otto Martiri, è assai intricata, per la scarsità di documenti che lo riguardano e per le leggende popolari che circolano nei territori dallo stesso collegati Il ponte dei Carrettoni è in zona impervia, lontano dai centri abitati, non ha mai avuto poeti o scrittori che, con le loro immaginazione, lo cantassero. I fantastici racconti, pieni di emozioni, intensi di storia da fotografare, con colori da mozzafiato, qui sono venuti a mancare.

Qualche leggenda, che si mescola alla realtà, ci può aiutare a conoscere meglio gli aspetti legati ad un passato con condizioni di vita assai dura. La storia di un ponte è sempre stata caratterizzata da eventi che, attraverso la vita quotidiana, danno origine a piccole o grandi vicende.

Gosto Fabbri, figlio di Lodovico, ha vissuto una vita nei paraggi del ponte Otto Martiri, ed è una fonte orale di primaria importanza per la conoscenza della storica costruzione sul Marecchia :" mio padre ha lavorato come muratore nel ponte Carrettoni, in un'attività tipica stagionale, a supporto della conduzione dell'osteria di cui era proprietario e gestore. Una volta l'economia di montagna era mista, venivano svolte più attività integrative. Lodovico, specializzato in muratura con la pietra, molto richiesto in vallata, conosceva il materiale da costruzione, che veniva dalle nostre cave. Si scavava il terreno e la roccia con la zappa, si preparava l'impasto per costruire le fondamenta. Il lavoro proseguiva sotto la guida del capomastro, solo lui conosceva i numeri del disegno. Per arrotondare la paga, Lodovico, la notte, cuoceva il cibo per gli operai, lo riponeva dentro a un pentolino per consumarlo poi nel lavoro: in estate all'ombra di qualche muro o ponteggio e d'inverno attorno ad un focherello acceso con pezzi di legno di scarto. Il cibo, consisteva in una pagnotta di pane, svuotata all'interno, e riempita di fagioli cotti. Il bere era il vino delle nostre campagne. Ricordo – prosegue Gosto- che da piccolo andavo con il babbo a giocare in cima al ponte, e ascoltavo dalla voce del babbo quanto sudore era stato versato per la realizzazione dell'opera. Durante gli scavi di sistemazione, in una cavità, vennero alla luce resti di ossa umane, fatte risalire al periodo delle guerre che in passato c'erano state tra le contee dei luoghi:

Cicognaia, Montebello e Monterotondo. Le spoglie furono stipate in sacchi, caricate nei barocci trainate da buoi e portati negli ossari dei cimiteri adiacenti. Oggi, a parlare di tutto questo- ci dice ancora Gosto- provo una profonda amarezza, per gli anni che sono passati, ma anche un certo piacere, nel vedere ristrutturato il ponte, dopo anni di chiusura e degrado".

Dal racconto orale di Linda, sorella di Gosto, trapela un po' di malinconia: " i primi viandanti che percorrevano il ponte a piedi - inizia Linda – erano persone provenienti dalle nostre campagne, un tempo molto popolate, contadini, mezzadri, operai che si recavano a prendere il bus alla Ripa della Valenta, aspettando con il fiato sospeso l'arrivo della corriera: salivano dentro tutti accalcati, iniziavano il viaggio per raggiungere un luogo lontano, ed era un momento importante, tutti si vestivano a festa. Transitavano nella stessa via commercianti, carbonai, legnaioli, vetturini con i muli, carichi di soma, provenienti dalla valle del Senatello, trasportavano carbone, legna, rifornendo i magazzini di Cà di Pietro dove la merce veniva esposta e messa in vendita. I contadini, con il loro bestiame, passavano dall'altra parte della sponda per andare nelle fiere e mercati. Nei momenti di crisi non mancavano i contrabbandieri che trattavano la foglia di tabacco, le sigarette, lo zucchero, dando origine a un importante ruolo negli affari illeciti, creando un mercato di scambio. Nelle credenze popolari del tempo, si diceva che tutti i cavalli che attraversavano il ponte si ammalavano di una grave malattia e, per porre rimedio a questa sorte, alcuni individui si recarono a Montebello, dove viveva una specie di stregone che, con il tocco delle proprie dita, colpendo il cavallo nella parte posteriore, faceva guarire all'istante la bestia.

Nel periodo bellico- continua Linda- otto giovani partigiani, ai piedi del ponte, nell'argine del Comune di Sant'Agata Feltria, furono barbaramente trucidati dalla ferocia nazifascista: era il 7 Aprile 1944 e ,da quella momento, il ponte fu intitolato agli Otto Martiri".

Finita la guerra, alcune strutture ad archi crollarono, a causa dello scoppio di mine che i tedeschi avevano fatto brillare. Per ripristinare nuovamente il passaggio, si resero necessari interventi di restauro che furono eseguiti poco dopo. Con il passare degli anni, a causa del mutamento geologico, unito alla scarsa manutenzione, il ponte perde un po' del suo splendore e va in decadenza, fino alla chiusura totale al traffico, che fu decretata dalle autorità competente alla fine degli anni 80.

Sono passati molti anni da allora, ma finalmente, grazie alla richiesta dei danni del terremoto del 1997, e un finanziato voluto da Vincenzo Ceccarelli, Presidente della Provincia di Arezzo, le arcate del ponte Otto Martiri sono tornate al loro antico splendore e tre targhe commemorative ricordano ora la riapertura di un ponte che ha ridato lustro e respiro a due vallate che, a pieno titolo, sono tra le più importanti realtà del bacino marecchiese.

LA VALLE DI VALDAGNETO: CASE SCOMPARSE SENZA TRACCIA

Percorrendo quattro chilometri di strada Provinciale 3 bis – da San Piero in Bagno in direzione Cesena - si svolta a sinistra, si percorrere una strada stretta e in salita in mezzo alla campagna, dopo tre chilometri si arriva nella frazione di Vessa, per continuare ancora sei chilometri dei quali gli ultimi quattro completamente sterrati per giungere nella valle di Valdagneto frazione di Saiaccio. Si nota subito il dolore dello spopolamento, uno di quei nuclei rimasti disabitati e abbandonati dell'Emilia Romagna. Un mucchio di macerie sparse tra la vegetazione, sconosciute alla gente, tutto avvolto nel più profondo silenzio, stretto in un canalone in mezzo a due montagne: monte Mescolino e monte Facciano a quota 900 metri circa, nel comune di Bagno di Romagna. Arrivati in località si cammina a piedi per i sentieri tra spini ed erbacce, si scende lungo il fosso, si attraversa il torrente per risalire dalla parte opposta, qui si osservano ancora in piedi le antiche mura in pietra La località è impervia, poco accessibile è divisa in tre mini borgate: Castello di Valdagneto, difficilmente raggiungibile. Villa di Valdagneto, a pochi passi i resti della vecchia scuola elementare. Il piccolo borgo è in mezzo a due fossi, delle Casatine, e Casella, per congiungersi più a valle al fosso centrale di Valdagneto, dall'altra parte la Chiesa e il cimitero completamenti scomparsi. La prima notizia dell'esistenza del castello è del 1220, posto doganale tra il granducato della Toscana e lo stato Pontificio della chiesa. Dell'antica struttura, sono ben visibili le fondazioni sulle quali si trovano i resti di quattro piccole costruzioni con camini in pietra, un edificio con muro tondeggiante e diverse cantine. Poco distante si ammira i ruderi di due interessanti costruzioni, il "Castello" e la "Villa". Il Castello, del quale abbiamo la prima notizia certa nel 1220, è ubicato in vetta ad un monte, con un forte dislivello rispetto al luogo è ubicata la chiesa sebbene molto vicino in linea d'aria. La campana del 1354, molto importante, è ora nel Museo di Sarsina ed è stata asportata il 2 ottobre 1962. Dell'edificio si è notizia che dal 1182 è menzionata come chiesa battesimale. Nel resoconto della visita pastorale del 1607 si legge che il parroco e i parrocchiani chiedono al vescovo di poter rimpicciolire la loro chiesa, un po' troppo ampia, per ricavarne l'abitazione per il parroco. In quel periodo vi erano 13 famiglie e 66 abitanti. Completamente raso al suolo l'oratorio dedicato a San Cristoforo. L'altro caseggiato Villa di Valdagneto, in discreto stato di conservazione, di grandi dimensioni, formato da più costruzioni unite tra loro con due grandi ingressi. In uno di questi è collocato un ampio forno con a lato due porta pani coperti da una tettoia ancora in buono stato, segno della presenza di tanti abitanti nell'edificio. L'architrave è il pezzo più interessante, dove è ben visibile la data "1616" insieme a diverse iscrizioni e simboli di difficile decifrazione, davvero molto singolari, le opere oggi purtroppo sono in preda al degrado e all'incuria. Nel secolo scorso, la campagna era diventato un luogo da cui fuggire perchè il lavoro era duro, con scarsi i risultati, grandi i disagi, eccessiva la fatica, con il conseguente abbandono dei campi, dei poderi, che per millenni erano l'unico sostentamento delle generazioni che ci hanno preceduto. In valle la vita era dura, fatta di fatica e sudore, la coltivazione nei campi era scarsa, per sopravvivere prestavano la loro mano d'opera ad altri , la gente si spostava poco e solo per necessità. Sotto a poco distanza ma con grande dislivello il mulino di Valdilata, utilizzato dalla popolazione per la macinatura del grano, la gente caricava la balla contenete il grano sopra il proprio mulo e raggiungeva la località a piedi, a volte succedeva di rimanere in attesa intere giornate prima che arrivasse il proprio turno. In estate, i tempi si prolungavano per la scarsità di acqua nel torrente, si doveva attendere qualche temporale che alimentasse il bottaccio prima di procedere. I Valdagnetini non hanno mai conosciuto l'avvento dell'energia elettrica, né acqua nelle case. Nessuno è in grado di dire come facevano a dar luce alle proprie stanze, l'unica illuminazione possibile erano i lumi a carburo o petrolio, nelle immediate vicinanze non presenti spacci o botteghe per acquistare i prodotti, si pensa che la maggior parte della popolazione viveva al buio.

Alla fine degli anni settanta del secolo scorso, Valdagneto fu invasa da una comunità di giovani sconosciuti alla popolazione che volevano dissodare i campi lasciati incolti da decenni. La questione creò una sorta di stupore tra i residenti, nessuno capiva in quale modo potevano essere utilizzati i terreni occupati. Trascorsi alcuni anni, e siamo nei primi anni ottanta, tutto finì, la comunità andò via senza lasciare traccia di sè, con loro, scomparsero i numerosi giovani che venivano e chiedevano di lavorare nella comunità, lasciando alle spalle i dubbi e le perplessità tra la popolazione del posto. Ancora oggi, la gente ricorda i tanti giovani percorrere le strade della frazione e bussare alla propria porta a qualsiasi ora di giorno e di notte per chiedere informazioni sulla località da raggiungere. Nella valle di Valdagneto, succedevano fatti strani che ancora oggi mettano paura – così racconta: Vittorio Boattini - narratore locale, la valle, dopo lo spopolamento la valle è sopravissuta alla memoria per i suoi racconti. La festa annuale di Valdagneto che si svolgeva nel mese di settembre è ricordata come la giornata della" resa dei conti", tutte le beghe, le liti, tra conoscenti, amici e parenti venivano discusse in quella giornata. Le mischie e i tafferugli erano di casa – continua Vittorio- in alcuni casi i battibecchi andavano avanti per ore, qualche rissa degradava fino a scapparci il morto. I litigi che non erano risolti nel giorno della festa, era rimandati a l'anno successivo. Era il primo decennio del secolo scorso – spiega: Elvio Fabbri dello Foin- mio nonno è nato e vissuto a Valdagneto. Anche lui partecipava alla festa annuale di Settembre. Purtroppo, una quella ricorrenza fu triste a causa di una vivace discussione tra uomini. Dopo una accesa lite in mezzo ai campi di granturco –continua Elvio - un gruppo di persone cominciarono a darsele di santa ragione finchè uno cadde a terra e morì in un lago di sangue. Certo quello che dico fa venire i brividi- spiega di nuovo: Foin- vedere una persona morire davanti agli occhi senza farci nulla ci rimani male ma non è finita. Passarono alcuni mesi, una mattina d'inverno, il nonno fu invitato dal fattore del podere -conosciuto come "il signor de Firenze"-personaggio che faceva il bello e il brutto tempo, a sostenere una testimonianza in tribunale a Bagno di Romagna in favore dell'assassino. Il vecchio signore, degna persona con sani principi rispose subito con tono a tale richiesta, mettendo in guardia il fattore che in tribunale ci si andava per dire la verità e non quello che esigeva. Un anno dopo, in fattore accompagnato da alcune persone bussarono alla porta di casa del nonno, con la richiesta di lasciare il podere perché di lui non avevano più bisogno. Gli abitanti della valle di Valdagneto, hanno dovuto fare i conti con il progresso- spiega: Pierluigi Battistini – Assessore alle attività Produttive della passata legislatura. Il territorio è grande, in parte arido, pieno di calanchi, per spostarsi da una casa all'altra non esistono nemmeno i sentieri, ci si muove in mezzo alla sterpaglia senza nessun punto di riferimento. Finita la seconda Guerra Mondiale – continua Pierluigi- la gente iniziò a migrare lungo la valle del Savio senza far ritorno alle proprie case, le terre furono lasciate incolte e abbandonate ostacolate anche dalla morfologia del territorio. Il lavoro dell'agricoltura fu abbandonato in fretta, le industrie iniziarono ad assumevano persone da impiegare nei propri stabilimenti, i redditi erano molto più alti che lavorare la terra. Mancava l'acqua nelle abitazioni, non c'era la luce nelle case, le strade erano mulattiere percorribili solo a piedi o con i muli, non esistevano servizi di alcun genere. Quando arrivò il boom economico degli anni 60, la vallata era già vuota - conclude Battistini – un nuovo modo di vivere stava per entrare nelle case, servivano altre fonti di sostegno per far fronte a nuove esigenze, ogni famiglia iniziava ad acquistare la prima automobile, i primi elettrodomestici, abitare a Valdagneto, luogo impervio e ostile significava rinunciare a tutto questo, meglio andare in città dove le comodità e il cosiddetto benessere erano a portata di mano, questo cambiamento così frettoloso portò la gente di Valdagneto ad andare via. Di un mondo contadino passato, scandito dai ritmi della vita quel che rimane oggi è il silenzio. Restano le chiese, le abitazioni con camini freddi da decenni e oggetti intrappolati tra le macerie, siamo testimoni di una distruzione che è impossibile recuperare, le tradizioni locali muoiono con gli ultimi vecchi depositari dell'antica cultura rurale.

L'OSTERIA DI GAMBACCIA

SAIACCIO DI SAN PIERO IN BAGNO – Sono ancora aperte come un tempo le osterie di fuori porta ma la gente che ci andava a bere fuori e dentro è tutta morta - così cantava Francesco Guccini in una delle sue note canzoni. Nella valle del Savio le osterie sono scomparse del tutto, ma l'eccezione vuole che l'Osteria Gambaccia di Saiaccio - San Piero in Bagno sia ancora in attività – così spiega Gianfranco Ruggeri – gestore e proprietario del locale che ha fatto la storia in vallata per il buon vino e la piadina romagnola. Il fabbricato è ubicato nella verde campagna in località Saiaccio sulla strada Provinciale 3 bis, tra Quarto e San Piero in Bagno, a contatto con il fiume Savio. La prima parte dell'edificio è in pietra, scolpita a mano, al centro l'entrata dell'Osteria. L'altra è di costruzione più recente risale ai primi anni 60, il lavoro dell'opera fu realizzato a tempo e debito, con il detto sono persone oneste qui non si perde nulla. Nata inizialmente come circolo ricreativo intitolato "Invalidi Mutilati di Guerra", dal nonno Giuseppe Ruggeri, dal dopo Guerra in poi tramandata ai figli, in parte era adibita a bottega di generi alimentari, un appoggio per le donne provenienti dalla vicina campagna per la spesa di tutti giorni. Per arrivare al circolo si camminava a piedi, non c'erano le macchine di oggi, le difficoltà erano enormi, i più fortunati avevano la bicicletta, per raggiungere i paesi si prendeva la corriera. La corrente elettrica qui è arrivata a metà anno 60, l'illuminazione era a gas, una serie di tubi ramificati sul soffitto di tanto in tanto interrotti da beccucci con sopra la calzetta che si deteriorava sempre. Negli anni successivi il circolo si trasformò in Osteria, per dare servizio alla gente che lo frequentava fu installato il telefono pubblico. Con il rinnovo del locale, ha inizio una nuova stagione, la gestione passa a Dina Casadei, che per anni ha lavorato insieme al marito:Berto Ruggeri detto Gambaccia -da qui il nome del locale - nel duro lavoro da barista. In seguito: Berto, iniziò una seconda attività, acquistò un camion di marca Lancia e diede inizio al trasporto di sabbia e ghiaia.

I clienti che frequentavano il locale per la maggior parte erano campagnoli, non mancarono suonatori e musicisti – continua Gianfranco– il gruppo si dava appuntamento la sera per partecipare a qualche gara canora. Tutto ruotava sull'improvvisazione, la passione per la musica era forte, non c'era un vero e proprio repertorio, si cercava di stare in allegria, una forma di sfogo per molti agricoltori impegnati nel duro lavoro dei campi. Per dare movimento all'ambiente, una comitiva di persone realizzò all'aperto la pista da ballo, questo dette vita a una serie di iniziative che portarono nel periodo: metà anni cinquanta e fine anni sessanta l'esercizio al suo massimo splendore. Nell'Osteria Gambaccia, sono state organizzate feste e gare di ballo, il divertimento era schietto e genuino, qui era una grande famiglia. Il prestigio del locale aumentò quando fu invitato a suonare il complesso: Albertino, quando arrivò tutti rimasero stupiti per suo impianto di amplificazione elettrico, qui ancora non c'era la corrente elettrica, per fare musica si chiese aiuto agli agricoltori del vicinato dotati di batterie per il trattore. In questo locale oltre ai suonatori di fisarmoniche si sono esibiti complessi di liscio romagnolo alcuni famosi ancora oggi come: Castellina Pasi, Vittorio Borghesi e altri.

Il gioco principe molto popolare che faceva discutere era la morra (gioco di velocità con le dita di una mano), questo formava delle squadre di persone che andavano avanti per tutta la notte con urli e grida, con il detto vogliamo la rivincita, la bella, alla fine della gara c'era sempre qualcuno che diceva: ora la bottiglia di vino la paghi tu!. Purtroppo – conclude: Laura Varrani – moglie di Gianfranco, questa attività rilevata ai genitori di mio marito nel 1993, oggi va via via scemando, per tenere in attività il locale negli ultimi anni si sono svolte varie iniziative: dal ballo all'aperto al piano bar con Karaoke, si è guardato il debutto della cantante Jessika insieme al fratello Andrea e altre feste. Tutte queste iniziative non sono servite un gran che, la crisi è forte, la diminuzione della clientela è evidente, la tassazione e i servizi hanno raggiunto livelli insostenibili, tutte vane le richieste fatte per diminuire le imposte, qui in campagna si paga come avere un'attività in pieno centro di Cesena, francamente qualcosa di sbagliato c'è, dal 2009, per qualche messe dell'anno, siamo costretti chiudere l'Osteria, senza nemmeno garantire quei minimi servizi di ristoro all'automobilista che viaggia sulla Provinciale nel tratto di strada: Quarto - San Piero in Bagno.

La parola chiusura fa male al cuore, provo tristezza e amarezza -così si sfoga: Dina Casadei- moglie di Berto Ruggeri, per anni titolare dell'Osteria Gambaccia. La barista-oste non vuole crederci, certo la clientela non è più quella di una volta però si pensava che le cose cambiassero e tutto tornasse alla normalità. Ho conosciuto Berto in Svizzera, ci siamo sposati e subito ho iniziato a lavorare qui dentro, ho impegnato la mia vita per svolgere questo mestiere, a pensare che la gente faceva tanti chilometri per venirci a trovare, a questa età la parola "chiudere" non va giù. Il lavoro era entusiasmante, qui si distribuiva piadina e vino. Non per vantarmi- conclude: la moglie di Gambaccia - come facevo la piadina io non la faceva nessuno, il locale era diventato un punto di ritrovo per gustarsi merende e spuntini.

La chiusura del locale: "Osteria Gambaccia" è un problema, un'altra vittima dei tempi moderni, un pezzo di storia che scompare dalla valle dell'Altosavio - così spiega il Sindaco di Bagno di Romagna: Lorenzo Spignoli – per Saiaccio, l'Osteria era l'anima del paese, dove esisteva una vera civiltà basata sul rapporto umano, dove era possibile incontrasi e frequentarsi, gustandosi insieme agli altri il bicchiere di vino, parlando in piena serenità: dallo sport alla politica, dalle vacanze al lavoro, di gioco e affari. Ho conosciuto l'Osteria tramite il mio predecessore Enzo Bottini – continua Lorenzo- Enzo e Berto, erano migranti in Svizzera a Rappeswil, per salutare l'amico, Enzo scendeva a Saiaccio, così ho avuto modo di conoscere il locale e la sua clientela. L'Osteria Gambaccia ha sofferto molto l'apertura della superstrada E 45, con la riduzione del traffico sono diminuite le entrate portando un impoverimento all'esercizio. Le attività da noi sono paragonate a quelle dei centri turistici frequentati da molta gente, nei paesi a volte non incontri anima viva lo svuotamento del territorio dalla sua popolazione genera solo effetti negativi mettendo in crisi le poche attività che sono rimaste aperte. Attualmente le Osterie di montagna incontrano notevoli difficoltà e che molte sono state costrette a chiudere a causa di un' eccessiva imposizione fiscale e di un' interpretazione restrittiva di parametri che sono certamente validi per locali situati in moderne città, ma non per quelli di una frazione di montagna Le amministrazioni comunali – conclude il primo cittadino di Bagno di Romagna -a causa della forte crisi economica hanno altri problemi è impossibile immaginare un locale gestito dal Comune, il rischiano è quello di non dare nemmeno quel minimo di ospitalità agli anziani delle frazioni montane per continuare a ritrovarsi nei luoghi frequentati per tutta la vita.

La vecchia Osteria di campagna è quasi scomparsa –così commenta: Marcello Bravaccini, presidente della Pro-Loco di San Piero in Bagno- molti luoghi di ritrovo hanno chiuso gli usci da tempo, spero che l'Osteria Gambaccia continui la sua attività I finanziamenti pubblici –conclude il presidente dalla Pro-Loco sanpierana- non ci sono più, il pericolo è la fine di locali dove la gente si dava appuntamento davanti al quartino di vino.

Le Osterie di oggi sono cambiate - così spiega: Pier Paolo Rossi – responsabile: Confesercenti di Bagno di Romagna – la loro chiusura è un danno grave alla storia e alla tradizione. Come associazione si sono fatte iniziative sul territorio per mantenere le vecchie tradizione, una filiera tra produttore e consumatore - conclude il responsabile della Confesercenti - ma nulla è come prima, è tendenza comune esaltare gli aspetti, il più delle volte è solo il modo di vivere che cambia, e con esso la vita e le abitudini

Franca Castellani, giovane imprenditrice, gestisce un supermercato Smoll a San Piero in Bagno, dentro l'Osteria Gambaccia –spiega Franca -ho coltivato la passione per la musica, è stato un trampolino di lancio prima di entrare nella corale del mio paese, ora che il locale si avvia alla chiusura muore una parte di me stessa. Che tristezza! Per Marzia Mazzoli cameriera: l'Osteria era un luogo di divertimento dove portare i bambini a giocare. Un posto tranquillo! Possibile che non ci sia nessuna che possa fare qualcosa? Vittorio Boattini, pensionato di Quarto, ha superato da poco i settant'anni, ho visto l'Osteria Gambaccia a nascere, ho conosciuti i vecchi gestori: Berto e Dina, dopo oltre sessant'anni di attività, sentirsi dire:il locale chiude i battenti, è una bella mazzata!. Vittorio, ricorda le giornate passate la dentro seduto ai tavoli ad ascoltate la fisarmonica, prima di fare la puntatina per il cicchetto di vino e la partita a carte, per finire la serata con il gioco della morra. Ora, Boattini non ha più un posto dove andare!

UN GIROVAGO CHIAMATO GERVASIO

SARSINA - La terra di Romagna è ricca di tradizioni. Storie antiche che si tramandano da secoli con la presenza di tanti mestieri. Artigiani, commercianti, letterati, professionisti e personaggi comuni che, anche dopo decenni, vivono ancora nella memoria di tanta gente. Uno dei tanti è conosciuto con il nome di Gervasio. Noto in Romagna, Toscana e Marche che ancora oggi il suo mito non è tramontato. Gervasio, al secolo Gervasio Gervasi, nasce all'inizio del secolo scorso nella frazione Le Vignole, lungo la strada Provinciale Forli Cesena, in direzione Ranchio, nel comune di Sarsina. Morirà ottantenne, a metà degli anni ottanta, nella casa di riposo di Sarsina. Quando i bambini diventavano vivaci, i genitori per calmarli dicevano: "Arriva Gervasio e vi porta via" Era una persona furba, intelligente con la battuta sempre pronta e capace di adattare la sua parlata a quella delle varie località in cui si trovava. Un uomo robusto, con la barba lunga e incolta, indossava lunghi pastrani ed era abituato a girovagare per le campagne accompagnato da cani bianchi legati ad una catena con i quali si diceva parlasse. Portava scarpe strettissime a forma arrotondata risuolate di lamiera. Il suo arrivo era annunciato con il tintinnio delle catene. Chiedeva sostegno alimentare per i suoi cani e per sé e, a chi gli domandava perché facesse questa vita, lui rispondeva: "Chi non viaggia non conosce il valore degli uomini". Aveva una personalità complessa e forte, necessaria per sopravvivere ad una vita fatta di stenti e miseria. La sua fu una scelta presa sicuramente in piena libertà ma fatta anche di ricordi, malinconia e rimpianti. Quando passava, un saluto però non lo negava a nessuno, specialmente ai bambini che chiamava con la sua vocina tartagliante, quasi fioca. Era anche un modo per avvicinare i genitori e chiedere ospitalità con il detto "l'ha m'da du ovina?" ossia "mi può dare due uova?". Poco più che diciassettenne, finita la Prima Guerra Mondiale, Gervasio inizia a lavorare nella diga di Quarto, dove verrà costruita la centrale elettrica e con i primi soldi che guadagna comprerà una bicicletta. Si racconta che per quella bicicletta nasceranno i primi dissapori con la madre. "Figlio del demonio sprechi così i tuoi soldi, invece di risparmiarli e metterli via per quanto sarai vecchio" questa gli diceva. Ma Gervasio non accetterà rimproveri. E' giovane e non vuole sentirne, così comincia ad assentarsi da casa, qualche giorno prima e, in seguito, qualche mese e quando rientra a casa i rimproveri aumentano a causa delle assenze. Questi dissapori con la famiglia lo innervosiscono a tal punto che inizierà ad allontanarsi sempre più sovente, senza mai più tornare. Sceglie la pace dei campi, il silenzio dei boschi, il camminare senza meta con l'animo sgombro da ogni timore. Durante la seconda mondiale, Gervasio fu catturato e mandato alla fucilazione, ma siccome capiva e parlava il tedesco fu risparmiato e deportato nei campi di concentramento. Quando i Russi liberarono il lager era tra i sopravvissuti. Nel viaggio di ritorno a piedi per molti fu la fine, il fisico malato e indebolito non era più in grado di sopportare simili sforzi. E tra i pochi che tornarono c'era anche Gervasio. Alcuni lavoratori italiani emigrati nel boom economico degli anni sessanta ricordano di avere incontrato Gervasio in Francia, Germania e Svizzera. Per anni lungo il suo cammino portava con sé una bisaccia nella quale c'era un organino a bocca, un fazzoletto annodato con dentro i soldi accattati lo apriva di rado. Capitava a volte che lo derubassero proprio in quelle famiglie che gli davano un piatto di minestra e dove lui chiedeva di contare i soldi che guadagnava nei lavori precari. Sapeva fare lo stagnino, il maniscalco, piccoli lavori di falegnameria e la manutenzione degli attrezzi agricoli. In molti si domandavano come facesse a sopportare le rigidità invernali, lui rispondeva che i cani gli facevano da coperta: uno sui piedi, l'altro sulla testa. Spesso il suo alloggio era il forno per la cottura del pane oppure anche le stalle, gli unici posti con il tepore sufficiente per proteggersi dal freddo e dall'umidità della notte. Gervasio smise di girare negli anni settanta. Siccome non aveva accumulato i contributi necessari si ritrovò una minima pensione con cui dovette affrontare tutto il resto della vita.

STORIA DELL'ACQUEDOTTO DI BADIA TEDALDA

BADIA TEDALDA - Nel passato, prima dell'avvento dei moderni acquedotti, il sistema di approvvigionamento idrico a Badia Tedalda, dipendeva dalla sorgente del Monte Alto, vecchio acquedotto ancora in uso, oppure affidato a qualche sorgente o fontana pubblica, finchè non rimanevano a secco per la siccità estiva. Nei periodi di magra, per lavare i panni a mano, innaffiare orti, abbeverare gli animali, si corre nei serbatoi delle acque piovane con la speranza di trovarli pieni, perché l'acqua potabile andava risparmiata. Finita la 2° guerra mondiale, a causa dei bombardamenti, la rete idrica del paese era mal ridotta, non esistevano dei veri e propri depositi, i rifornimenti erano come in tutti i comuni di montagna, particolarmente critici nel fornire l'acqua potabile alle abitazioni. Per questi disagi, la popolazione cercava un pozzo collocato da qualche parte, al centro di un cortile, in mezzo ad una piazza, in un angolo di qualche via o viottolo secondario, con questo sistema i cittadini si rifornivano di acqua potabile. La donna di casa era lei di solito che faceva questo tipo di faccenda.Si tratta di un lavoro strettante femminile dell'epoca. Si avvicina al bordo del pozzo, attacca al gancio la brocca da riempire, cala la fune in fondo al pozzo che ruota attorno a una carrucola e fa la raccolta dell'acqua.

Per il viaggio di ritorno, il recipiente è pesante, per alleggerire il carico, le donne mettono sopra la testa degli stracci avvolti tra i capelli, per posarci sopra la brocca colma. Le frazioni limitrofe hanno lo stesso tipo di rete idrica. Il pozzo è scavato a mano per la raccolta dell'acqua potabile, serbatoi per la raccolta di acque cadute dal cielo. Il podere Lago, per l'acqua potabile è dotato di una rete idrica fatta a mano, che proviene dal monte, lunga diverse centinaia di metri prima di arrivare al fontanile; in più, adiacente al fontanile, sono state costruite delle vasche per lavare i panni a mano. Questi sono progressi storici e che hanno migliorato la collettività, perché prima erano costrette a lavare i panni nei fossi vicini. Il sistema di approvvigionamento idrico fatto in questa forma è molto diffuso anche nelle altre frazioni: Mondatio, deposito e fontanile, per il rifornimento delle acque. San Patrignano, ha un deposito sopra le case, con il fontanile nella piazzetta davanti alle abitazioni. A Caviano, la presa dell'acqua è all'aperto in mezzo al prato dove pascola il bestiame. Se si analizza il sistema idrico dell'epoca, non esisteva una vera e propria politica in materia. In ogni borgata c'è il suo acquaiolo che si occupa del rifornimento d'acqua potabile. Questo personaggio normalmente si è formato sul campo, dopo anni di esperienza, tutti si rivolgono a lui per non rimanere senz'acqua, nessuno è in grado di capire meglio di lui dov'è il guasto. L'idraulico conosce a memoria la rete idrica, dove ci sono i pozzetti per le deviazioni. In caso di mancanza d'acqua, sa subito, dove può essere la rottura. L'acqua ha delle difficoltà nel raggiungere la pressione, fino al punto giusto, nessun problema lui riesce in tutto. Per la popolazioè una specie di esperto che guarisce i mali dell'idraulica. Se fino a questi anni, tutti si accontentarono di usare acque che attingevano dal fiume Marecchia, dai fossi, da qualche pozzo, oppure dalle sorgenti, con il crescere del progresso, si fece sempre più pressante il problema del rifornimento idrico e, soprattutto le esigenze della popolazione erano cambiate. I pozzi e le sorgenti non bastano più. Bisognava costruire nuovi depositi per la raccolta delle acque, solo in questo modo si va nella giusta direzione. Una decisione importante fu presa dal Comune insieme ad alcuni volontari, che prestarono il loro lavoro per la realizzazione un nuovo acquedotto. Nel territorio di Badia, sono presenti numerosi fossi, e sorgenti, tutti hanno abbondanza d'acqua, basta raccoglierla e distribuirla. Un acquedotto è un'opera complessa, costruita per trasportare l'acqua, da un posto all' altro, per soddisfare vari scopi, uso domestico, agricolo e industriale. Tra i primi problemi da affrontare nella realizzazione dell'acquedotto c'è ovviamente la scelta della sorgente da cui attingere, e tenere presente la qualità dell'acqua, la quantità (in litri al minuto) e la quota del punto di captazione, la quale deve rispondere anche al requisito d'altezza, indispensabile a fornire la giusta pendenza alla conduttura che deve trasportare l'acqua fino al serbatoio di raccolta.

Solo agli inizi degl'anni cinquanta, si parla di Valdibrucia, come possibile presa alla sorgente e per un certo periodo diventa sinonimo di acqua, quasi un luogo mitico, capace chissà quali miracoli. Nella costruzione dell'acquedotto badiale, la captazione cade su questa fonte, da sempre rinomata, per la qualità e la gradevolezza dell'acqua fornita, situata ai piedi dell'Alpe della Luna, a quota 850 metri, in quel punto sgorga molta acqua: 120 litri il minuto. Questo progetto è in grado di dare quelle risposte che mancano, una soluzione immediata, capace di soddisfare il fabbisogno del paese. Una valutazione di molto valore, che segnerà il tempo dell'acquedotto badiale, finirà così il periodo di gloria della fontana messa lungo la scalinata che porta al castello.

L'importante è anche la fabbricazione del serbatoio, con un'enorme capacità di acqua contenuta, collocato distante dalla presa, in località Badia Alta, solo cosi si è in grado di servire zone sino allora mai raggiunte.

Franco, conosciuto meglio con il nome di Francone di Badia Alta, all'epoca giovane, poco più che un adolescente, ha avuto questo compito per la realizzazione e la costruzione della presa situata a Valdibrucia. Con orgoglio accettò l'incarico, è stato il suo primo lavoro di responsabilità, una scelta di peso, sa che non deve sbagliare, altrimenti la gestione dei lavori ricadrebbe tutta su di lui. Dopo avere pazientemente cominciato a visionare tutta l'area interessata, stabilisce che le falde acquifere sono in profondità, l'acqua scorre in punti precisi, per usare al meglio la sorgente bisogna intervenire con degli scavi. Questo intervento richiede particolari accorgimenti, bisogna stare attenti alla provenienza del flusso, se si sbaglia, si rischia di vedere sparita l'acqua. Inoltre dagli scavi di sbancamento emerge una serie di difficoltà, alcuni strati d'argilla impediscono l'uscita dell'acqua, i lavori procedono a rilento, a volte con delle interruzioni, tutto questo serve per studiare lo sfruttamento e il miglioramento della presa. Si scava il solco a mano, si uniscono le falde acquifere, affluiscono in unico pozzo, l'acqua scende nella vasca di decantazione, costruita in una settimana, con materiale recuperato sul posto. Questo recipiente serve per il deposito di tutta l'impurità che l'acqua porta con se quando sgorga dal terreno. Dalla vasca di decantazione, l'acqua scorre nell'altra vasca, dove è allacciato il condotto di trasporto, qui l'acqua è limpidissima, pronta per il percorso. Con una serie di difficoltà, i lavori hanno inizio al mattino presto. Tutte le persone addette vanno a piedi due ore per la strada sterrata che arriva a Valdibucia, luogo in cui è collocata la sorgente. Alcuni uomini portano con sé sulle spalle tutta l'attrezzatura da lavoro, altri operai, tirano con le funi dei buoi, con traino dei barrocci con sopra il carico di tubi necessario per il condotto al trasporto dell'acqua potabile. Il percorso dell'acquedotto è lungo 6 chilometri, quasi tutto sotto terra, la fossa profonda quasi un metro, scavata a mano con picco e una pala, i tubi dalla conduttura dell'acqua sono in ferro con un diametro di 2 pollici, collegati tra di loro da manicotti filettati. Il serbatoio di raccolta, alimentato dall'acqua che proviene dalla sorgente, è un vecchio granaio della chiesa, con una cubatura di circa 120 metri. Il parroco di Badia don Pietro, lo mette a disposizione dei cittadini, che con un intervento radicale e restaurato è pronto per fare arrivare l'acqua ai rubinetti delle case. Siamo in autunno, in tarda sera, per la popolazione badiale, questa è una serata di festa, tutti si sono fissati un appuntamento a Badia Alta, per ascoltare il rumore dell'acqua in arrivo al tubo. Giornata memorabile, sin dalle prime ore del mattino la bandiera sventola ovunque, in tarda serata ha luogo la solenne inaugurazione dell'acquedotto. Il servizio d'onore è fatto dai volontari dell'impresa, la banda della festa suona liete armonie, tutti hanno osservato i bei lavori eseguiti, nel frattempo ecco l'acqua, fuoriesce giù dal tubo, tutti applaudono il grosso lavoro riuscito, con il detto popolare che si cantava in passato:"L'acqua fa male e il vino fa cantare", e "L'acqua rovina i ponti". I poderi, che per primi hanno l'acqua al fontanile, sono: il Cerreto, Cascale e Casa Nuova. I lavori del nuovo acquedotto iniziano intorno alla metà del mese di giugno 1949, per terminare l'opera a metà ottobre 1950. I lavoratori del gruppo sono tutti volontari, ogni persona ha contribuito con il suo lavoro per un certo periodo e tutti insieme hanno costruito l'opera idraulica. Coloro che hanno preso parte all'impresa sono: Alcide, Berto, Bertinelli, Bramo, Gigione, Guido, Il Morino, Libero, Niccolino, Quinto e altri cittadini che per mancanza d'informazioni non ho potuto elencare.

Con l'aumento della popolazione, un solo acquedotto non è più sufficiente a erogare quantità di acqua potabile. Con il passare degli anni, a Badia si hanno i primi disagi idrici, ai rubinetti dentro le case, l'acqua manca, le fontane nei periodi di siccità sono secche, si rese necessario fare arrivare acqua da altre sorgenti, s'idearono strutture aggiuntive. All'inizio fu presentato un progetto poco convincente. Gli amministratori badiali, ebbero piena consapevolezza del fatto che serviva un nuovo acquedotto per risolvere tutti i problemi legati all'acqua.

La sorgente della Vallucola, è da sempre nel mirino degli addetti ai lavori, 950 metri, una quota più elevata rispetto a quella di Valdibrucia, le fonti non mancano, sono distinte e tutte hanno una grande quantità di acqua, una volta incanalate e integrate nel nuovo acquedotto si può ritenere risolto il problema del rifornimento idrico, disponendo finalmente di sufficienti quantità d'acqua potabile di buona qualità. Le vene dalle quali sgorgano le acque sono antichissime, è fonte di ricchezza per tutta la valle, che nel corso degli anni si è mantenuta inalterata. La captazione è direttamente dal terreno in un ambiente montano di elevatissima suggestione nella splendida montagna ai piedi dell'Alpe della Luna. Si trova a sette chilometri circa dalle Serrette, dove in seguito è stato costruito il nuovo serbatoio. Pietro, conosciuto da tutti con il nome di uccello, così commenta: ho lavorato con l'impresa che ha realizzato i lavori dell'acquedotto. Il nuovo acquedotto in muratura, fu edificato agli inizi del 1970, si sviluppa tra le colline intorno Badia. Sono, stato- continua Pietro -il primo operaio ad avere avuto l'incarico per l'enorme ricerca di lavoro delle sorgenti da utilizzare, il quale oltre alla qualità, all'abbondanza e alla regolarità del flusso dell'acqua, deve rispondere anche l'essenziale requisito d'altezza, indispensabile a fornire la giusta pendenza per il condotto che trasporta l'acqua fino alle Serrette. Nella striscia della Vallucola, sono molte le falde acquifere, tre di grande importanza, una è gia in funzione per l'acquedotto che trasporta l'acqua a Monteviale, acquistata a suo tempo dai proprietari del terreno, qui basta solo un intervento di collegamento integrativo. Le altre due prese vanno realizzate, si scava in profondità dentro la grotta, si sistema il piano con della ghiaia e pietrisco, si allarga il solco tra due massi per il trasporto dell'acqua, con le lastre messe sopra all'incavo si chiude la spaccatura e la presa è unita, l'acqua scorrere attraverso il cunicolo e scende dentro la vasca di decantazione, che subisce un processo di purificazione, grazie al deposito d'impurità, poi, attraverso un canale, l'acqua scorre in una seconda vasca, sempre costruita in muratura, dove ha inizio lo scorrimento continuo per entrare nella terza vasca dove è sistemato la conduttura che trasporta il flusso dell'acqua. Il tragitto del condotto ha una lunghezza di sette chilometri, scavato con la pala meccanica, il tubo di ferro con sezione due pollici, messo in posa alla profondità di un metro circa, sotto i campi coltivati. Il trasporto dell'acqua lungo la valle presenta degli inconvenienti, in alcuni tratti a causa del dislivello del terreno, la pressione è molto forte, per questo motivo ci sono diverse rotture. La prima parte dell'acquedotto subisce una battuta d'arresto per mancanza di finanziamenti. Per riparlare di quest'opera idraulica, occorrerà attendere il 1973, quando un'impresa locale si aggiudicò il lavoro e completò l'acquedotto. Dal fosso del Presale, dove si sono fermati i lavori, si ricomincia di nuovo, si attraversa la località Monte Alto, per arrivare al deposito delle Serrette. Il serbatoio è una costruzione a blocchi intonacata di cemento. La nuova acqua che arriva dalle sorgenti, colma le due vasche affiancate da venticinque mc. l'una, per un totale di 50 metri cubi, accumulando una scorta di acqua sufficiente ad integrare il vecchio acquedotto.

La fonte del Lago, è una tra le più antiche e importanti fontane di Badia Tedalda, alimentata dalla sorgente del Monte Alto, fu edificata dalla popolazione vicino ai giardini pubblici. Non si ha una data precisa della sua costruzione, s'ipotizza che sia stata eretta intorno agli anni 20 del secolo scorso. Fu restaurata alla fine degli anni 80, ha un suo fascino, una specie di arredo urbano, tutta rivestita di pietra con una piccola vasca, un bene reale per la gente, sia per usi domestici sia per abbeverare .Un monumento luogo e molto radicato nella cultura locale e nei ricordi popolari. In molti raccontano che la fontana serviva per appagare le persone e gli animali provenienti dalle lontane campagne considerati sullo stesso piano per chi non aveva i soldi da pagare l'oste nelle osterie del paese.

Ai margini, del fosso Presalino, sulla strada mulattiera che porta al caseggiato La Macchia e Valdibrucia, sgorga l'antica sorgente

Sulfurea "La Fonte di Berto", le cui acque hanno fini benefici al fegato e reni. In passato specialmente nel periodo estivo la fonte era utilizzata dai contadini che lavoravano i campi. La sorgente, poco conosciuta dalla massa, mantiene quelle caratteristiche primitive ancora non intaccate dall'uomo sfociando a pochi metri direttamente nel fosso adiacente.

Gli acquedotti badiali, raccolgono acque provenienti dall'Alpe della Luna, rappresentano una notevole opera pubblica, le uniche risorse idriche presenti in zone come queste. La quantità dell'acqua fornita dagli acquedotti varia ampiamente secondo le stagioni. La portata minima è in estate, per aumentare nel periodo invernale.

PASSEGGIATA LUNGO IL FIUME MARECCHIA

Le sorgenti del Marecchia

Nelle montagne dell'Appennino - a quota 1.230 metri sul Poggio dei tre Vescovi - nasce, nella Toscana Granducale, il fiume Marecchia. Da questa sorgente, il fiume inizia la sua corsa verso il mare. E' lungo 90 chilometri e bagna tre regioni: Emilia Romagna, Marche e Toscana. Ha un bacino ricco di storia, unico nei suoi aspetti, morfologici e paesaggistici. Il primo paese che il fiume sfiora è Pratieghi: una comunità di poche anime. Percorrendo il sentiero, il tratto è pianeggiante, poi inizia la lunga discesa, i primi ostacoli sono la fitta boscaglia che si intreccia nell'alveo del fiume. Solo pochi chilometri e si arriva al ponte Marecchia, sulla strada che da Badia raggiunge Rofelle, dove funziona una centrale elettrica ricavata da un vecchio mulino ad acqua. Nel riprendere la camminata, attraverso le stradine laterali di campagna - talvolta molto strette - si arriva al Ranco, località deve esistono ancora vecchi mulini ad acqua oggi in disuso. Qui si unisce il torrente Presale, che raccoglie le acque dell'Alpe della Luna, i due fiumi afferrano insieme la corsa verso Molino di Bascio, piccola frazione di Pennabilli, lungo la strada regionale 258, che da Sansepolcro giunge a Rimini. Il torrente Torbello con le sue acque fredde raccolte dal Sasso di Simone è uno dei tanti torrenti che si mescola al fiume principale. Le acque scorrono nel letto formato da ghiaioni, che creano grossi buchi e rapide. In località Cà Raffaello, il fiume accoglie il torrente Storena, con le acque della riserva del Simoncello: da questo punto in poi il Marecchia mostra tutta la sua ampiezza, le acque scorrono molto limpide fino al ponte Otto Martiri per unirsi al torrente Senatello, uno degli affluenti più grandi, che sgorga dal monte Senatello, in territorio Casteldelci.

Il ponte Otto Martiri ha sette archi. Costruito intorno al 1920, metteva in collegamento le due vallate: l'ultima propaggine della Toscana, nel comune di Badia Tedalda, e la Valmarecchia marchigiano-romagnola. Nel periodo della seconda guerra mondiale fu teatro della fucilazione di otto persone per mano dei tedeschi e, da allora, si chiama ponte Otto Martiri. In seguito, fu bombardato, e le sue strutture in pietra e mattoni divennero precarie. Alla fine del conflitto fu restaurato per contenere il traffico dell'epoca. Il fiume in questo tratto è a carattere torrentizio, gonfio d'acqua nel periodo invernale, quando le abbondanti nevicate coprono le montagne che gli stanno attorno. Nei periodi di secca il fiume si riduce a un ruscello, per scomparire in alcuni tratti sotto il ghiaione. Attorno alla fine degli anni 70, in un autunno molto piovoso, a Ponte Messa la corrente dell'acqua particolarmente forte sgretolò le spalle del ponte, distruggendo una parte della struttura di sostegno: una macchina in transito, con due persone a bordo finì, in tarda notte, nella piena del fiume, provocando la morte dei passeggeri.

Sempre a Ponte Messa c'è la confluenza del torrente Messa, con le acque provenienti dal monte Carpegna. Il cammino prosegue fino a Ponte Baffoni, a pochi passi dal bivio di Maiolo: qui si trova una briglia in pietra che crea una rapida molto forte.

La corrente dell'acqua scende tra alcuni massi lungo il fiume originando diversi problemi di carattere erosivo, con rischio di dissesto idro-geologico, specialmente per le abitazioni vicine, con vasti movimenti di tipo franoso. Questa conformazione del terreno, unita alla storia medioevale, ha caratterizzato il territorio fino ai giorni nostri: attualmente i principali nuclei di case sono sviluppati sugli spuntoni rocciosi, piuttosto che a fondo valle.

Si passa in fretta per la moderna Novafeltria, cittadina nata per esigenze di lavoro. Qui un tempo si produceva polvere da sparo e la cittadina fungeva da asilo per contrabbandieri e briganti. il fiume scorre lento, in un ampio letto ghiaioso misto a sabbia e passa distante dalle abitazioni. In direzione la foce, a poco meno di 4 km, si approda a Secchiano. Come si può immaginare, in questa pianura il Marecchia è una risorsa indispensabile, con i suoi canali porta l'acqua nelle campagne,all'agricoltura, all'industria e al turismo. Si avanza fino al punto più stretto del fiume, in località Ponte Santa Maria Maddalena: le acque si attraversano sopra un ponte moderno che anticamente era stato costruito in legno. Ancora oggi, sui grandi massi laterali, sono ben visibili gli scassi in cui venivano appoggiati i ponti a passerella. Sempre in quel punto di passaggio e di viavai venne costruito una cappella dedicata a Santa Maria Maddalena, protettrice del viandante. Nel paese basta dare un'occhiata in giro per capirne la storia, sono ancora visibile alcuni mulini per granaglie del momento. Muovendosi a piedi lungo il fiume, si ha la possibilità di osservare alcuni fossili di conchiglie incastrate nell'argilla, fossili di milioni di anni, a testimonianza dell'antica invasione del mare. Su un'estrema propaggine della colata del Marecchia si nota un complesso argilloso con delle rupi dove sono alzati i paesi di Torriana e Montebello, un paesaggio dove si cominciano ad intravedere i primi castelli malatestiani, lembi di bosco umidi, superfici ricoperte da vegetazione dominata da canne cresciute in laghetti di acqua dolce poco profondi e derivati da riempimento di vecchie cave di ghiaia. Transitando sull'argine del Marecchia, tra piante ed arbusti, è particolarmente indicata la pesca, grazie ai gorghi ricchi di diverse specie ittiche. In questo bel paesaggio ambientale, gli unici rumori sono le macchine che passano, gli alberi mossi dal vento e il fruscio dell'acqua.

Continuiamo la nostra marcia, si arriva a Dogana, piccola borgata prima di giungere a Ponte Verucchio - paese noto per la storia dei Malatesta - antico borgo con castello posto sopra un roccioso sperone che domina la Valmarecchia. Finita la collina, sta per iniziare un'ammirevole vallata pianeggiante, il letto del fiume è molto grande, nei sui fondali è possibile trovare creta per fare delle statuine; le uniche cose che ci fanno compagnia sono le case costruite di recente sull'argine del fiume. Zigzagando tra sabbia e ghiaioni, lontano dal fiume, ai suoi lati si scorgono le cittadine di

Santarcangelo e Corpolò, nella zona in cui il Marecchia riceve il suo ultimo affluente: il torrente Ausa. Il tratto del fiume, diventa molto grande, sembra che le acque siano piatte, in alcune gole ci sono degli enormi sbarramenti artificiali, questi servono ad evitare allagamenti al territorio. Nella sua profondità sono presenti notevoli depositi alluvionali, particolarmente abbondanti, per effetto delle briglie che determinano tratti con poca pendenza, favorendo il deposito del materiale. La situazione a rischio idraulico presente in questo punto comporta la progressiva riduzione del corso d'acqua, creando una forte stagnazione, permettendo al fiume di restare inquinato per molto tempo, specialmente nei mesi estivi dell'anno, quando c'è molta siccità. A causa del crescente inquinamento, le falde superficiali sono sempre più inservibili, mentre sempre più sfruttati sono i pozzi profondi e questo risucchio di acqua dalle viscere del fiume comporta un progressivo abbassamento del letto che, alla foce, si traduce in un avanzamento del mare che, ogni anno, ingoia metri di spiaggia. Dopo molte cascate - attraversato il suo bacino - il Marecchia termina la sua corsa nel mare Adriatico, in mezzo alla città di Rimini: dal ponte di Tiberio è possibile guardare attentamente lo sbocco delle sue acque che il mare raccoglie. Una volta, ci si accontentava di ascoltare le chiacchiere delle lavandaie che, in ginocchio, lavavano i panni tra gli scogli della sponda.

MOIRA LA NARRATRICE

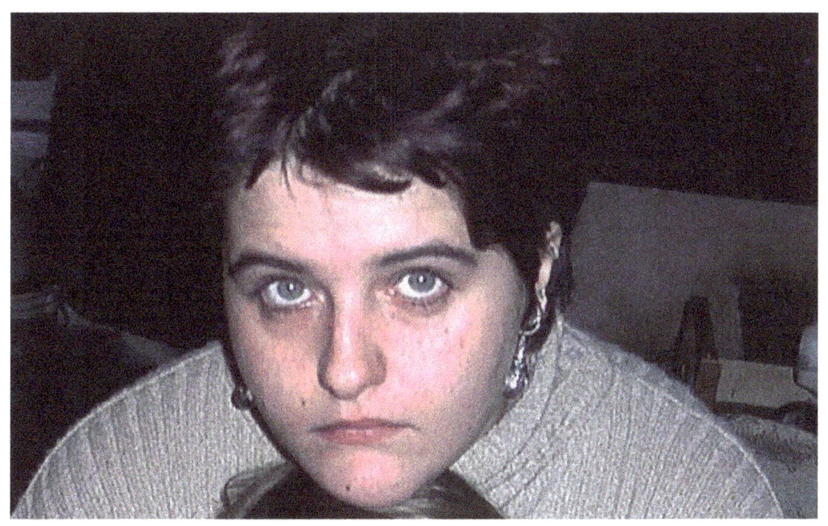

La narratrice e poetessa Moira

UNA RISPOSTA ALLA FIGLIA

Un giorno mi sono svegliata da un orribile incubo ... il sogno però sembrava reale, palpabile e ingannevole. Avevo sognato che nel mondo non esisteva più amore e che le persone si odiavano facendo guerre assurde e violenze incivili, da trascrivere su questo pezzo di carta. Ho visto sangue e bambini che piangevano perché non trovavano la propria mamma e i papà erano sporchi di fango, volevo portarli via con me per potere aiutare quelle povere creature anime di Dio ... ma non potevo: qualcosa me lo ha impedito un essere più forte di me ... mi sono messa a piangere ero disperata impotente e affranta. Ho pianto anche da sveglia, di nuovo nella realtà, perché mio marito si è impressionato vedendomi piangere nel sonno: non se lo aspettava non era mai successo prima di quella notte. Mi ha abbracciata forte e mi ha detto che non mi devo preoccupare che lui sarà sempre accanto a me; un po' mi sono calmata ... ma dentro di me stavo male, sapevo che non avevo fatto nulla e nulla mi sono sentita ... Poi tutto e passato, l'incubo si è dileguato e sono stata un po' meglio. Ieri mia figlia mi ha abbracciato forte e mi ha detto "mamma perché i bambini muoiono di fame in tutto il mondo?", non ho saputo rispondere alla domanda cosi fatta da mia figlia, non me l'aspettavo. Sono rimasta colpita profondamente che una bambina di sette anni e mezzo mi abbia fatto una domanda cosi forte, sono una povera sciocca a credere di proteggere i miei figli dalle cose esterne perché forse non potrò fare nulla per difendere la mia famiglia. Povera Moira dove vuoi arrivare? Da nessuna parte mio caro, voglio solo vivere abbastanza per vedere come il mondo scriverà la sua storia, tutto questo a me basta. Non chiedo cose strane ma semplici. Io penso, ma perché gli uomini non trovano un modo per andare d'accordo!? In questo mondo, che ha dichiarato guerra a se stesso, i bambini ancora muoiono di fame.

NEL BOSCO

Il cerro

Una volta viaggiando per un bosco dell'Alpe della Luna mi sono ritrovata in una bella vallata. Era stupenda tutta imbiancata dalla neve che la rendeva quasi magica: il tempo si era fermato come per incanto. Il bosco era immerso in un delizioso silenzio, i poveri passerotti rimasti andavano alla ricerca di qualche briciola da mangiare. La mia passeggiata continuava, respiravo l'aria pungente dell'inverno, così pura e limpida. Mi rievocava avvenimenti passati, mi domandavo quanti cavalieri e poveri contadini avevano passeggiato per lo stesso sentiero che adesso precorrevo a piedi in questo mondo moderno pieno di computer, cellulari e che altro; mio nonno diceva che una volta era difficile sopravvivere come adesso che è molto più semplice. Non avevano nulla, eppure la gente sopravviveva, anche con quel poco che il signore gli donava, non come adesso che siamo diventati tutti così sofisticati. Non che voglia condannare la civiltà moderna perché bestemmierei, è solo che troppo spesso si vedono ragazzini che non sanno come soddisfare le loro curiosità e si fanno male con le proprie mani divertendosi a fare del male ai loro coetanei, come se il loro fosse un vero e proprio sadismo. Ma ora torniamo a questa stupenda vallata, sembra quasi di essere entrata nel mondo delle fate. Mi accosto a una quercia con un grande arbusto, sono stanca e mi metto a sedere, gustandomi il bosco. Ad un certo punto sento dei fruscii provenire da poco lontano da me, non mi muovo sono troppo curiosa di vedere di che cosa si tratta. Il rumore si avvicina sempre di più e la mia ansia cresce e pure la curiosità. Ed ecco che la mia grande voglia di sapere si sta realizzando.

Un maestoso capriolo si avvicina a me come se non si fosse accorto dell' intruso, è accompagnato dalla sua compagna: sono magnifici visti da vicino. Indisturbati dalla mia presenza, le povere bestie vanno alla ricerca di qualche cosa da mangiare. Io nel frattempo, rimango esterrefatta dalla loro bellezza, quando essi ci guardano, sembra che nel loro silenzio comunichino parole.

Rimangono ancora un pò in compagnia di me stessa ma, ad un certo punto, si sente un rumore sordo di sparo e le povere bestie scappano impaurite. Le mie fantasie si rompono per incanto e quasi sto per maledire i cacciatori per aver interrotto una cosa cosi bella e pura; purtroppo, esiste anche la caccia e non ci si può far nulla se questa sia o no controllata correttamente. Dal mio canto, tornerò sotto quella quercia a riflettere e ad aspettare i miei amici animali, così per poter rimanere incantata, di nuovo, dalla loro bellezza ... .

Indice